रामानुजर

वाणी प्रकाशन

नयी दिल्ली-110002

फोन : 3273167, 3275710 • फैक्स : 3275710

e-mail : vani_prakashan@yahoo.com

vani_prakashan@mantraonline.com

रामानुजर

इन्दिरा पार्थसारथी

अनुवादक

के. आर. उषा

ISBN 81-7055-758-5

वाणी प्रकाशन
21-ए, दरियागंज, नयी दिल्ली-110002
द्वारा प्रकाशित

प्रथम संस्करण : 2001

मूल्य : 95.00

शुभम ऑफसेट, दिल्ली-110032
में मुद्रित

RAMANUJAR
by Indira Paarthsarthi
Translated by K.R. Usha

सरस्वती नः
सुभगामयस्करत्

के. के. बिड़ला फाउंडेशन के आर्थिक सहयोग से
वाणी प्रकाशन द्वारा प्रकाशित

'रामानुजर' की प्रथम तमिल प्रस्तुति

राष्ट्रीय नाट्य विद्यालय, दक्षिणी क्षेत्र सांस्कृतिक केन्द्र, इण्टरनेशनल इंस्टीट्यूट ऑफ तमिल स्टडीज के सहयोग से आयोजित *रंगमंच* कार्यशाला में *इंदिरा पार्थसारथी* लिखित तमिल नाटक **'रामानुजर'** चेन्नई संग्रहालय थियेटर में : 19, 20 जुलाई, 1998 को मंचित हुआ। यह इसकी प्रथम प्रस्तुति थी।

निर्देशक	:	**के.एस. राजेन्द्रन**

मंच पर

रामानुजर	:	राजकुमार भूपलन सिद्धार्थ
कूरेचर	:	धनकोड़ी
पेरिय नम्बी	:	कार्तिकेयन
तिरुकुच्च नम्बी	:	कार्तिकेयन
नालूरान	:	गोविन्द स्वामी
किटंबी आच्चान	:	प्रसन्ना
मुदलियाँडान	:	वल्लीअप्पन
आलवंदार	:	हबीब
मारनेर नम्बी **उरंगाविल्ली** **सेनापति** **भिखारी**	:	वेंकटेश
तिरुकोष्ठिपूर नम्बी	:	सीमा प्रभाकरण
अमुदनार	:	इल्लांचेझियन
वरदन	:	कृष्णा अनंतशिवम
अरैयर (पुजारी)	:	शशि कुमार

चोल राजा	:	अरिवज्जयन
तुर्क राजा	:	राम स्वामी
आँडाल अम्मा	:	गाँधी
तंजम्मा पोन्नाच्ची	:	मरया
परासरन	:	नर्मदा
अत्तुजाई	:	कस्तूरी
पेरिय नम्बी की पत्नी	:	श्रीराम पिल्लै
रज़िया भद्र महिला	:	सुशीला
परुथियकोल्लाई	:	के. आर. उषा
शिष्य	:	इल्लनचेजियन
	:	प्रसन्ना
	:	लेनिन
	:	लेनिन दुरई
	:	शशिकुमार
	:	सत्यामूर्ति
	:	बालमुरगन
	:	और अन्य

मंच पार्श्व

मंच परिकल्पना	:	सुरेश अनगल्ली
वेशभूषा	:	एस.पी. श्रीनिवासन
रंगसामग्री	:	भूषण
प्रकाश परिकल्पना	:	आर. राजू
रूपसज्जा	:	अडाबाला
संगीत	:	प्रो. एम. एन. वेंकटवर्द्धन
संगीत समन्वयन	:	के. आर. उषा
मंच प्रबंधक	:	पी. गोविन्दस्वामी
ध्वनि	:	एस. मनोहरन
छायाचित्र	:	एस. त्यागराजन

आभार

कुथू ओ पट्टरै

मक्स म्यूलर भवन

(पर्दा उठने पर मंच पर अँधेरा। बादल गरजने की ध्वनि। बिजली कड़कती है। बारिश शुरू होती है। घनघोर वर्षा की ध्वनि। मंच के बीचोंबीच रोशनी है। एक व्यक्ति सोता हुआ दिखाई देता है। एक और व्यक्ति पानी में बुरी तरह भीगा हुआ वर्षा से बचने के लिए मंच के बीच की रोशनी की ओर जाता है। वह एक घर के बाहर (बरामदा) वाला हिस्सा है। ठण्ड से काँपते हुए वह वहाँ लेट जाता है।

थोड़ी देर बाद एक दूसरा व्यक्ति बारिश से बचने के लिए आलोकित भाग में आकर खड़ा होता है। लेटा हुआ व्यक्ति उठकर उनको जगह देता है। दोनों बैठते हैं। और थोड़ी देर बाद तीसरा व्यक्ति वर्षा से बचने के लिए वहाँ आता है। दोनों बैठे हुए व्यक्ति उनको जगह देते हैं।

तीनों खड़े होते हैं, क्योंकि तीनों एक चौथे व्यक्ति को अपने पास आता महसूस करते हैं जो स्वयं में अदृश्य है। अचानक सारे मंच में रोशनी फैल जाती है। तब तीनों प्रकाश की दिशा में साष्टांग प्रणाम करते हैं।)

पहला : *(खड़े होकर गाता है)*
सारी दुनिया दीप है, उसमें घी है समुद्र
जलता सूर्य है आँच अग्नि की,
दूर हों भवबाधाएँ सब,
समर्पित है सर्वव्यापी प्रभु के चरणों में मेरी स्तुति माला।

दूसरा : ज्ञान भरे तमिल ग्रंथों का रचयिता मैं
प्रेम के दीप को, रुचि के घी को,
खुशी भरे मन की बत्ती और
अंतर्दृष्टि, अंतर्ज्ञान के दीप को
नारायण को समर्पित करता हूँ।

तीसरा : सागर जैसे नीले रंग के विष्णु को जब देखा,
श्रीलक्ष्मी को देखा, सुनहरे शरीर को देखा
जलते हुए लाल सूर्य को देखा
धरती पर उमड़ते हुए सागर को देखा
हाथ में घूमते शंख को देखा।

(तीनों गाना खत्म करते हैं। आँखें बंद किए खोये हुए हैं—तभी एक आवाज गूँज उठती है।)

आवाज : पोइगै, भूतम् और पेय तीनों सबसे पहले आलवार थे, जिन्होंने मानवीयता की यह कहानी जग को सिखाई—यदि एक के लिए लेटने की जगह हो, तो उसमें दो बैठ सकते हैं, तीन खड़े हो सकते हैं। चौथे व्यक्ति में उन्होंने वहाँ ईश्वर को देखा। यही है वैष्णव धर्म के आरंभ की कहानी। बारह आलवारों के बाद आच्चार्यार। उनमें पहला नादमुनी। उनके बाद उम्यक्कोंडारा फिर मणक्काल नम्बी। उनके बाद आलवंदार। आलवंदार के बाद रामानुजर।

(नाटक आलवंदार के अंतिम दिनों से शुरू होता है। क्रमशः रोशनी कम होती है। अँधेरा हो जाता है।)

अंक-1

दृश्य-1

तिरुवरंगम्

(पर्दा उठते वक्त मंच पर अँधेरा। कुछ क्षणों बाद अँधेरे को चीरती हुई रोशनी मंच के बीच चबूतरे पर बैठे आलवंदार पर पड़ती है। उनके शिष्य, जो उन्हें घेरे हुए खड़े हैं, उन पर रोशनी नहीं है। वे धुँधले-से दिखाई देते हैं। शिष्य दो पंक्तियों में खड़े हैं। आलवंदार बूढ़े हैं। आँखें बंद हैं। वे पद्मासन में बैठे हैं।

पर्दा उठते वक्त जो गीत नेपथ्य में बहुत दूर से सुनाई दे रहा था कुछ क्षणों बाद स्पष्ट सुनाई देने लगता है। आलवंदार संगीत में खोए हुए हैं।)

(सुबह)

संगीत : हे रंगनाथ ! सुगंध भरे कमल के फूल खिल उठे, समुद्र पर सूरज निकल आया। डमरू जैसे कमरवाली स्त्रियाँ सर पर लिपटे बालों को निचोड़कर उससे पानी छिटककर अपने अपने वस्त्र पहनकर तट पर चढ़ आई हैं। तिरुत्तुजाय फूल की मालाओं और टोकरियों को कंधे पर लिये हुए।

जागिए ! उठिए ! एक नए मनुष्य की रचना करनी है।

(संगीत खत्म होते ही, मंदिर की घण्टी बजती है। शंख बजता है। आलवंदार आँखें खोलते हैं। उनके चेहरे पर आनन्द... वे दोनों तरफ खड़े शिष्य को देखते हैं। फिर आँखें बंद कर लेते हैं...)

आलवंदार : *(स्पष्ट, मृदु स्वर में)*

परम पिता बुला रहे हैं। *(कुछ क्षणों के लिए चुप्पी)* अंत ही निश्चित है। यही है जीवन। *(कुछ क्षणों तक चुप्पी)*

(कुछ घबराए से स्वर में) अशुभ ! वैष्णव मरता नहीं। *(कुछ क्षणों तक चुप्पी)* उसके लिए अंत कहाँ ? आरंभ कहाँ ? अनंत खेल में वह भी एक खिलाड़ी है। *(कुछ क्षणों तक चुप्पी)*

(आँखें खोलते हैं) मैंने बहुत कुछ सोचा। किया कुछ *(आह भरते हैं...)*

जातिहीन समाज। बेसहारों के लिए भी सुखद जीवन। यह मेरी पहली इच्छा है। *(एक उँगली मोड़ते हैं।)*

संकीर्ण वैष्णव धर्म को सीमाएँ पार करके विस्तृत होना होगा। यह मेरी दूसरी इच्छा है। *(एक और उँगली मोड़ते हैं)*

गीले धान से पैदा हुआ बहुत महान है हमारा धर्म। वैष्णव धर्ग आत्मिक दर्शन है। इस दृष्टिकोण से बह्मसूत्रों की व्याख्या करना चाहता था। कर नहीं सका। यह मेरी तीसरी इच्छा है। *(तीसरी उँगली मोड़ते हैं। उँगलियाँ मुड़ी हुई ही हैं। कुछ क्षणों तक चुप्पी)*

आरंभ का काम समाप्त हुआ। बस्तीवाला भाई मारनेर नम्बी मेरा शिष्य–अब वह आएगा, इस काम को आगे बढ़ाने के लिए।

(शिष्य एक दूसरे को देखते हैं... उनकी समझ में नहीं आता कि 'वह' से आलवंदार का मतलब कौन है)

उस दिन उसे मैंने देखा। काँची में। करुणासागर (ईश्वर) ने कहा, 'आलवंदार, यह तुम्हारा उत्तराधिकारी है। कितना अच्छा

लग रहा था। इतना तैजस्'। राम का अनुज रामानुजर *(शिष्य फिर एक दूसरे को देखते...)*

आलवंदार : मैंने पेरिय नम्बी को उसे बुलाने को भेजा है। निरंतरता ही जीवन का सत् तत्त्व है। *(मंदिर की घण्टी बजती है। आलवंदार का चेहरा खिल उठता है—वे आँखें बंद करते हैं।)*

आलवंदार : *(बहुत ही पतली आवाज में)* 'सूल विसुम्बु' गाओ।

नारायण के भक्तों को देखकर खुशी से आकाश को घेरते हुए बादल ढोल बजाने लगे, गहरे समुद्र की लहरें नाच उठीं, मानों हाथ हिलाते हुए खुशी से भक्तों का स्वागत कर रही हों सातों लोकों ने उनकी सहायता के लिए अपना सारा धन अर्पण किया।

(आलवंदार के चेहरे पर शांति। बिना हिले-डुले बैठे हैं। तीन उँगलियाँ मुड़ी हुई ही हैं। मंदिर की घण्टी बजती है। अँधेरा...)

(कुछ क्षणों बाद रोशनी वापस आने पर, मंच के आगे वाले भाग की बाईं ओर से रामानुजर और पेरिय नम्बी मंच पर आते हैं। पेरिय नम्बी रामानुजर के पीछे आ रहे हैं। पेरिय नम्बी मध्यायु पार कर चुके हैं। उनके चेहरे पर प्रशांति है। रामानुजर जवान हैं। लंबे हैं। शानदार व्यक्तित्व हैं। उनके चेहरे पर दृढ़ता और स्पष्टता दिखाई देती है।)

(पद्मासन में बैठे आलवंदार को देखकर दोनों कुछ घबरा जाते हैं। तेजी से आगे बढ़कर उनके पास जाकर रामानुजर उनके चेहरे को गौर से देखते हैं। फिर अपने पास आकर खड़े हुए पेरिय नम्बी को देखते हैं। दुःख में डूबे हुए सामने खड़े शिष्यों को देखते हैं। पेरिय नम्बी से सहा नहीं जाता, वे रो पड़ते हैं। रामानुजर उनके हाथ पकड़ लेते हैं—)

रामानुजर : आप मेरे गुरुजी हैं। शिष्य की बात कृपया सुनिए। वैष्णव के लिए मृत्यु कहाँ ? अंत कहाँ ?, आरंभ कहाँ ?

(आलवंदार के शिष्य आश्चर्य से रामानुजर को देखते हैं। आलवंदार के वही शब्द ! वे समझ जाते हैं कि वे ही रामानुजर होंगे...)

शिष्य 1 : आप ही...

रामानुजर : रामानुजन

शिष्य 2 : आपको पेरिय नम्बी के साथ आते देखते ही समझ गए।

शिष्य 3 : आलवंदार ने जो कहा उसे...

शिष्य 4 : स्वर्ग पधारने से पहले...

शिष्य 1 : वैष्णव मरता नहीं। अंत कहाँ, आरंभ कहाँ ?

शिष्य 2 : आलवंदार ने हमको दिखा दिया।

शिष्य 3 : आप ही उनके उत्तराधिकारी हैं।

शिष्य 4 : जाने से पहले उन्होंने यह बात कही...

(वे रामानुजर के पैर पड़कर उनको प्रणाम करते हैं, वे उन्हें रोककर खड़ा करते हैं। उनकी समझ में कुछ नहीं आता है, वे पेरिय नम्बी को देखते हैं। पेरिय नम्बी आलवंदार के शरीर को देख रहे हैं। तब रामानुजर आलवंदार के दाईं हाथ की तीन उँगलियों को मुड़ी हुई देखते हैं। इसे देखकर वे आश्चर्य से भर आते हैं। वे शिष्यों को ईस तरह देखते हैं मानों पूछ रहे हों कि 'ये क्यों इस तरह हैं ?')

शिष्य 1 : आलवंदार की तीन अधूरी इच्छाएँ।

शिष्य 2 : जातिहीन समाज। बेसहारों के लिए भी सुखद जीवन।

शिष्य 3 : संकीर्ण वैष्णव धर्म को सीमा पार करके विस्तृत होना होगा।

शिष्य 4 : ब्रह्मसूत्रों की व्याख्या।

शिष्य 1,2,3,4 : सो तीन उँगलियाँ उनकी तीन अतृप्त इच्छाएँ।

(रामानुजर मुड़ी हुई उँगलियों को कुछ देर देखते रहते हैं—उनके चेहरे पर संकल्प...)

रामानुजर : यदि भक्ति हो तो वही बहुत बड़ी शक्ति है। ईश्वर की कृपा हो तो सभी जगह स्वर्ग है। भगवान, साध्यता की चरमसीमा है। अब से मेरी यात्रा उस सीमा की ओर है। आलवंबार की इच्छाओं को पूरी करना सेवक का कर्तव्य है। वे पूरी होंगी, निश्चय ही पूरी होंगी।

(शिष्य 'ओम नमो नारायणाय' का उच्चार करते हैं। रामानुजर आलवंदार के मृत शरीर के सामने गिरकर प्रणाम करते हैं। मंदिन की घण्टी बजती हैं। आलवंदार के शरीर पर रोशनी पड़ती है। रोशनी कम होकर अँधेरा)

दृश्य–2

काँची

(रोशनी होने पर मंच के आगे वाले भाग की दाईं ओर से रामानुजर मंच पर आते हैं। मंच के आगे वाले भाग की बाईं ओर से तिरुक्कच्ची नम्बी आते हैं। तिरुक्कच्ची नम्बी मध्यायु के हैं। काला शरीर। पर्दा उठते वक्त जो गीत सुनाई देता है वे कुछ देर नेपथ्य में सुनाई देते हैं। रामानुजर उनके पैर पड़कर प्रणाम करने को आगे बढ़ते हैं। तिरुक्कच्ची नम्बी उनको रोकते हैं।)

गीत : पत्थर की दीवारों से घिरी काँची नगरी में
दुनिया जिस देवगायक को पूजती है
लंका के रावण के शक्तिशाली शरीर को जिसने तीर से मार डाला
जिसे विभीषण ने चाहा
उसके पावन नाम को पुकारते हुए
नमो नारायणमे
(सुबह की बेला)

तिरुक्कच्ची नम्बी : *(घबराए हुए स्वर में)* यह क्या ? *(ब्राह्मण)* अंतनर सेवक को प्रणाम करे ?

रामानुजर : आलवंदार के शिष्य को इस तरह से बात करना शोभा नहीं देता। अंतनर, वैश्य, ये सब वैष्णव के लिए नहीं...

तिरुक्कच्ची नम्बी : कर्म फल कैसे कटता है ?

रामानुजर : भक्ति के बीज बोने से कर्म की घास घिसती जाएगी, स्वामी।
(तिरुक्कच्ची नम्बी चुप हैं... मुस्कुराते हैं। मानों कह रहे हों कि जैसा रामानुजर ने कहा वैसा आज तक हुआ नहीं।)

रामानुजर : *(मुस्कुराते हुए)* मैंने जो कहा उसे मानने में यह झिझक क्यों ? क्या काँचीपुरवाले का अनुभव ऐसा नहीं ?

तिरुक्कच्ची नम्बी : *(मुस्कुराते हैं)* कच्ची नम्बी को बस एक बात मालूम है, आलवंदार के प्रयत्न के बावजूद जातिभेद मिटा नहीं। पेट्टी के पुत्र को हटकर ही तो खड़ा होना चाहिए।

रामानुजर : *(भावुक होते हुए)* वैष्णव धर्म का नेतृत्व मेरे हाथ में आने में एक अच्छाई है। अब से जाति का घमण्ड वैष्णव धर्म में कभी नहीं रहेगा।

(तिरुक्कच्ची नम्बी बड़ी खुशी से रामानुजर के कंधों को थामते हैं। रामानुजर सर झुकाकर उनको प्रणाम करते हैं।)

रामानुजर : आपसे एक विनती है। गुरुजी मना न करें।

तिरुक्कच्ची नम्बी : क्या ?

रामानुजर : कल सवेरे आप मेरे घर भोजन के लिए आइए। *(तिरुक्कच्ची नम्बी जरा आश्चर्य में पड़े दिखाई देते हैं)*

तिरुक्कच्ची नम्बी : किस खुशी में ?

रामानुजर : *(मुस्कराते हुए)* आप मेरे घर भोजन के लिए आएँ, यही खुशी की बात है।

तिरुक्कच्ची नम्बी : *(झिझकते हुए)* आपके घर में !

रामानुजर : मेरा रास्ता ही उनका रास्ता है।

(तिरुक्कच्ची नम्बी कुछ क्षणों के लिए चुप हैं। फिर मुस्कुराते हैं)

रामानुजर : *(कुछ क्षणों के बाद)* अगर कल न हो सके तो...? *(सोचते हैं)*

तिरुक्कच्ची नम्बी : कल आऊँगा–

(दोनों एक दूसरे को प्रणाम करके अलग होते हैं। अँधेरा... कुछ क्षणों बाद रोशनी आने पर, मंच के पिछले भाग के बीच में रामानुजर की पत्नी तंजम्मा सब्जी काटती दिखाई देती है। तंजम्मा बहुत सुंदर है। फिर भी उसके चेहरे पर हमेशा चिड़चिड़ापन होने के कारण उसका यह गुण ध्यान में नहीं आता। उसे देखने से ऐसा लगता है कि मानो उसे बचपन से ही हँसना नहीं आता हो।)

(रामानुजर मंच के आगे वाले भाग की बाईं ओर से तेजी से अंदर आते हैं। उनके चेहरे पर खुशी। उसे पत्नी के साथ बाँटने का उत्साह...)

रामानुजर : तंजम्मा...तंजम्मा...

(वह उन्हें सर उठाकर देखती है। ऐसा नहीं लगता कि वह उनकी खुशी में शामिल होना चाहती है। रामानुजर एक चटाई बिछाकर उसके पास बैठते हैं। तंजम्मा सब्जी काटती रहती है।)

रामानुजर : तिरुक्कच्ची नम्बी कल हमारे घर भोजन के लिए आ रहे हैं।

(तंजम्मा कुछ चौंककर सर उठाकर उनको देखती है।)

रामानुजर : क्यों, है न खुशी की बात ?

(तंजम्मा जवाब नहीं देती। सब्जी काटती रहती है।)

रामानुजर : चुप क्यों हो ?

तंजम्मा : *(उनसे आँख चुराकर नीचे देखते हुए)* कल पुरट्टासी महीने का शनिवार है।

रामानुजर : जानता हूँ। काँचीपुरवाले का आना हमारा सौभाग्य है।

(तंजम्मा सिर उठाकर उन्हें देखती है, और फिर पहले की तरह सिर झुकाए सब्जी काटती रहती है। उसकी उदासीनता से रामानुजर कुछ चिढ़ जाते हैं)

रामानुजर : मैं समझा नहीं। तुम चुप क्यों हो ?

तंजम्मा : *(व्यंग से)* शुभ दिन पर इतना अच्छा अतिथि ?

रामानुजर : *(उसके व्यंग्य को समझते हुए भी ऐसी बात करते हैं जैसे कि उन्होंने समझा नहीं)* अच्छी बात कही तुमने।

तंजम्मा : *(गुस्से में)* याद रखिए कि आप सोमयासी कुटुम्ब के हैं।

रामानुजर : काँचीपुरवाले मेरे गुरु हैं। क्या गुरु और पिता अलग हैं ?

(तंजम्मा मुस्कुराने का प्रयत्न करती है। उसके सख्त चेहरे पर वह मुस्कराहट बनावटी लगती है...)

रामानुजर : *(मुस्कुराते हुए)* मुस्कुराना भूल गई थी तुम मुस्कुरा रही हो। आने वाले मेहमान का फल तुम्हारे चेहरे पर।

तंजम्मा : *(गुस्से में)* चेट्टी का बेटा मेरा ससुर, यह भी कोई फल हुआ ?

(रामानुजर के चेहरे पर क्रोध साफ दिखाई देता है। लेकिन अपने आप को सँभाल लेते हैं। उठ खड़े होते हैं। कुछ देर चुपचाप टहलते हैं। उन्होंने सोचा नहीं था कि तंजम्मा इस बात को इस तरह ग्रहण करेगी। उनके चेहरे पर अब क्रोध से अधिक पीड़ा दिखाई देती है।)

रामानुजर : *(झटके से तंजम्मा की ओर घूमकर दृढ़ स्वर में)* कल वे हमारे घर भोजन पर आएँगे। वैष्णव वचन नहीं तोड़ेगा।

(उनके चेहरे पर पीड़ा। मंच के आगे वाले भाग की बाईं ओर से वे बाहर निकल जाते हैं। तंजम्मा बुत की तरह खड़ी है... अँधेरा...)

दृश्य–3

(कुछ क्षणों बाद...
रोशनी आते वक्त मंच के आगे वाले भाग की बाईं ओर से तिरुक्कच्ची नम्बी आते हैं। वे मंच के पिछले भाग के बीच में घर के बाहरी चबूतरे की ओर देखकर कुछ देर झिझकते हुए खड़े हैं। फिर उस दिशा में चल पड़ते हैं। सुबह...)

तिरुक्कच्ची नम्बी : सेवक।
(तंजम्मा मंच के पिछले भाग से बाहर आती है।)

तंजम्मा : *(भावहीन आवाज में)* वे घर पर नहीं हैं। आप खाना खाकर जा सकते हैं।
(नम्बी को धक्का-सा लगता है।)

तिरुक्कच्ची नम्बी : मैं बाद में आता हूँ

तंजम्मा : उनकी आज्ञा का पालन करना मेरा कर्तव्य है।
(नम्बी की समझ में नहीं आता कि क्या करें। उनको संदेह है कि रामानुजर ने कैसे ऐसा कहा होगा कि उनके घर पर न होने पर भी 'खाना खिलाओ।' नम्बी चुपचाप खड़े हैं)

तंजम्मा : बाहर बरामदे में बैठिए, खाना परोसती हूँ।
(नम्बी को एक बार फिर धक्का लगता है। वे उलझन में पड़ जाते हैं, घबराते हैं कि वे खाना खाए बिना चले गए तो रामानुजर को बुरा लगेगा।)

तंजम्मा : बैठिए।
(उनके उत्तर की प्रतीक्षा किए बिना, वह अंदर जाती है—अँधेरा...
कुछ क्षणों बाद रोशनी आने पर तंजम्मा बाहर के चबूतरे को पानी डालकर साफ कर रही है। तब रामानुजर मंच के आगे वाले भाग की बाईं ओर से अंदर आते हैं। वे मंच के पिछले भाग की ओर जाते हैं। तंजम्मा सफाई के काम में इस तरह लगी हुई है मानो उसने उन्हें आते हुए न देखा हो। रामानुजर को कुछ समझ नहीं आता।)

रामानुजर : क्या कर रही हो ? इस समय क्यों सफाई कर रही हो ?

तंजम्मा : *(उनको देखे बिना)* अतिथि पूजा हो चुकी।

रामानुजर : मैं समझा नहीं।

तंजम्मा : वो वैश्य आए। अतिथि सत्कार हुआ।

रामानुजर : मेरे आने से पहले ? मैं उन्हीं के घर गया था, वे वहाँ नहीं थे।

तंजम्मा : उनको जल्दी थी। मैंने खाना डाला। वे चले गए।

(रामानुजर को जैसे अचानक सब समझ आ गया हो, उसे सफाई करते देखते हैं। उनके चेहरे पर पीड़ा।)

रामानुजर : बाहर ही बिठाकर खाना खिलाया न तुमने ? *(चुप्पी)*

रामानुजर : उनके आने से जो घर पर कलंक लग गया, इसलिए सफाई कर रही हो, है न ? *(चुप्पी)*

रामानुजर : तुमने उनको नहीं बताया कि मैं उन्हीं को बुलाने गया था, है न ? *(चुप्पी)*

(रामानुजर अत्यंत पीड़ित भाव से उसे देखते हैं। वह पत्थर के बुत की तरह खड़ी है। चेहरे पर किसी प्रतिक्रिया के बिना)

रामानुजर : बिना इच्छा के फूल को दबाना, क्या यही आचार है ?

(वह किसी भी बात का उत्तर नहीं देती है। निराशा भरे चेहरे से दबाकर रामानुजर बाहर चले जाते हैं।)

दृश्य–4

(कुछ क्षणों बाद रोशनी होने पर, रामानुजर घर के बाहर के चबूतरे पर बैठे हैं। लगता है कि वे किसी के आने की प्रतीक्षा कर रहे हैं। तब मंच के आगे वाले भाग की बाईं ओर से एक मध्यायु व्यक्ति अंदर आते हैं। वे गरीब से लगते हैं। वे रामानुजर के पास आते हैं। चेहरे पर मुस्कान लिए, रामानुजर चबूतरे से नीचे उतरते हैं। सुबह...)

रामानुजर : आप ही की प्रतीक्षा कर रहा था।

व्यक्ति : देर हो गई। क्षमा कीजिए।

रामानुजर : आप क्यों उदास लग रहे हैं ?

(व्यक्ति झिझकता है...पसीना पोंछता है)

रामानुजर : आप बताना न चाहें तो...

व्यक्ति : भूख...लग...रही है।

रामानुजर : क्या इसी के लिए इतना सोच रहे थे ? यह आहार का समय

है। खाने के बाद ही काम। यह जीवन का नियम है। पहले आपको आहार दे दूँ। *(अंदर देखकर बुलाते हैं)* तंजम्मा...

(कुछ क्षणों बाद तंजम्मा आती है। वह सिर उठाकर आए हुए व्यक्ति को देखती है...)

रामानुजर : इनको भूख लग रही है–

तंजम्मा : क्या इन्होंने आज आपकी तैल मालिश नहीं की ?

रामानुजर : इनको पहले खाने को कुछ चाहिए।

तंजम्मा : खाने को कुछ नहीं है। मैंने अभी तक खाना नहीं पकाया। *(रामानुजर को विश्वास नहीं होता। एक क्षण उसे देखकर अंदर जाते हैं। तंजम्मा भी उनके पीछे जाती है। व्यक्ति कुछ क्षणों तक खड़ा रहकर चला जाता है। रामानुजर एक बर्तन में अन्न लिये बाहर आते हैं जब वे देखते हैं कि व्यक्ति चला गया तो उन्हें बहुत दुख होता है। तंजम्मा बाहर आती है।)*

रामानुजर : *(गुस्से में)* अब खुश हो न, वह चला गया।

तंजम्मा : पहला अन्न पेरूमाल देवी के लिए या किसी भी ऐरे-गैरे के लिए ?

रामानुजर : पहला अन्न भूखे के लिए। भगवान भी यही चाहते हैं। घर आए भूखे को जो तुमने तड़पता छोड़ा है, भगवान तुम्हें क्षमा नहीं करेगा।

तंजम्मा : मैं जो कुछ भी करूँ, सब गलत है क्या ?

रामानुजर : जब घर में अन्न था, तुमने कहा कि नहीं है। यह झूठ है। उनकी भी कोई मर्यादा है, वे दान अस्वीकर करके चले गए। *(तंजम्मा कुछ देर चुप रहती है। फिर अंदर चली जाती है। रामानुजर हारकर चबूतरे पर बैठते हैं।)*

रामानुजर : हे भगवान...मुझको धीरज दो।
(रोशनी कम होती है। अँधेरा...)

दृश्य–5

(कुछ क्षणों बाद रोशनी आने पर मंच के आगे वाले भाग की बाईं ओर से पेरिय नम्बी और रामानुजर एक दूसरे से बात करते हुए अंदर आते हैं। सुबह...)

पेरिय नम्बी : आपको तिरुवरंगम ले जाने के लिए मैं काँची आया।

रामानुजर : यह मेरा सौभाग्य है। मैंने आप से कितना कुछ सीखा।

पेरिय नम्बी : *(मुस्कुराते हुए)* जैसे कृष्ण ने शांतिपी मुनि से सीखा।

रामानुजर : 'अहंकार' विष का वृक्ष है। 'प्रशंसा' उसका बीज है। क्या सेवक और कृष्ण एक हैं ? मेरे पास न वो तपस्वी की साधना है, न गहरा ज्ञान है। मैं अज्ञानी था मुझे ज्ञानी बनाया आपने और आलवंदार ने।

पेरिय नम्बी : आलवंदार ज्ञानी से भी अधिक आप ही शक्तिशाली बनेंगे, बोलिए, हम कब तिरुवरंगम जाएँगे ?

रामानुजर : कच्ची के बड़े जब आज्ञा दें।

पेरिय नम्बी : *(मुस्कुराते हुए)* शीघ्र ही कृपा करेंगे।

(वे एक दूसरे को नमस्कार करके चल पड़ते हैं। अँधेरा... रोशनी होने पर मंच के बीच में तंजम्मा और पेरिय नम्बी की पत्नी। पेरिय नम्बी की पत्नी करीब तीस साल की होगी। साधारण कपड़े पहने हुई है। उसे देखने से लगता है कि वह अपने अधिकार को अच्छी तरह समझती है। तंजम्मा घड़े में कुएँ से पानी खींच रही है। उसके पास खड़ी पेरिय नम्बी की पत्नी कुएँ से पानी खींचने के लिए प्रतीक्षा कर रही है। तंजम्मा का घड़ा पेरिय नम्बी की पत्नी के घड़े से टकरा जाता है। तंजम्मा उसे ऐसे देखती है मानो उसे खा जाएगी...)

तंजम्मा : *(चिढ़कर)* अशुभ ! कलंक लग गया।

पेरिय नम्बी की पत्नी : कलंक ?

तंजम्मा : हाँ...कलंक। असूरी कुटुम्ब के आचार का नाम बिगड़ गया।

पेरिय नम्बी की पत्नी : क्या कह रही हैं आप ?

तंजम्मा : उत्तर के नीचे दक्षिण। काँची के नीचे तिरुवरंगम। नहीं समझी ?

पेरिय नम्बी की पत्नी : जरा सोच कर बात कीजिए, जी।

तंजम्मा : सोचकर बात करने की मेरी आदत नहीं है। मैं बुद्धू हूँ। खुश ?

पेरिय नम्बी की पत्नी : मैंने आपको बुद्धू थोड़े ही कहा ? आपके पति ने जो हमें अपने घर ठहरने को कहा, वे कितने महान हैं।

तंजम्मा : बस ! इसी तरह सबने उनकी प्रशंसा करके उन्हें बिगाड़ डाला है। उनके कारण असूरी कुटुम्ब का नाम बदनाम हो रहा है। अब से हमारे जाति की मर्यादा रखना मेरी जिम्मेदारी है। *(नम्बी की पत्नी उसे कुछ देर गौर से देखकर चली जाती*

है। तंजम्मा बुत की तरह खड़ी है। जब वे दोनों इस तरह बात कर रही थीं, रामानुजर मंच की बाईं ओर आकर सब देख रहे थे। उन्हें बहुत दुख होता है। नम्बी की पत्नी के बाहर जाने के बाद वे तंजम्मा की ओर बढ़ते हैं। तंजम्मा उन्हें देखकर कुछ चौंक-सी जाती है। उसे संदेह होता है कि उन्होंने उनकी बहस को सुन लिया है। रामानुजर उसकी ओर देखे बिना वे जिस तरह खड़े हैं, उनके चेहरे से साफ पता चलता है कि उन्हें सब कुछ पता है।)

तंजम्मा : *(बचने के भाव से)* उसने ही...

रामानुजर : *(शांत स्वर में)* मैंने तुमसे कुछ पूछा ?

तंजम्मा : क्या आचार में शुद्धता पालन करना गलत है ?

रामानुजर : कुछ भी गलत नहीं है। हमारा विवाह ही गलत है।

तंजम्मा : मैने ऐसा क्या किया ?

रामानुजर : क्या नहीं किया ? कच्ची नम्बी को नीची जात का समझकर अपमानित किया। कलंक तुम्हारे मन में है या उनकी जात में ? भूखे को खाना नहीं दिया...क्या अहंकार ही आचार है ? उत्तम पुरुष पेरिय नम्बी की पत्नी को आज तुमने नीचा दिखाया तुमने क्या नहीं किया ? *(कुछ देर चुप्पी)* नहीं, गलती मेरी है...विचार एक होने से ही विवाहित जीवन सफल हो सकता है। नहीं तो–*(कुछ देर चुप्पी)*

रामानुजर : *(झट से तंजम्मा की ओर घूमकर)* यह पति-पत्नी का ढोंग क्यों ?

(तंजम्मा चौंककर उन्हें देखती है। वे कुछ देर इधर-उधर टहलते हैं)

रामानुजर : हम दोनों के रास्ते अलग हैं। उनका मिलना असंभव है। हम अलग रहें, इसी में समझदारी है। मैंने गृहस्थ जीवन को त्याग दिया। अब से मैं समाज-पुरुष हूँ।

तंजम्मा : *(चौंककर)* यह क्या ! मैंने गलती की।

(उनके पैर पड़ती है)

रामानुजर : *(उसे रोककर खड़ा करते हैं।)* नहीं–मुझे अपने रास्ते पर छोड़ दो। अब से मेरी सारी सम्पत्ति तुम्हारी है–अब से कुछ भी मेरा नहीं है। तुम अपने रास्ते पर जाओ। मैं बीच में आऊँगा नहीं। इसी में हम दोनों की भलाई है।

(वे तेजी से मंच के आगे वाले भाग की बाईं ओर से बाहर

निकल जाते हैं। तंजम्मा हमेशा की तरह भावहीन स्थिति में बिना हिले-डुले बुत की तरह खड़ी रहती है। अँधेरा...)

दृश्य–6

(कुछ क्षणों बाद रोशनी होने पर रामानुजर मंच के बीच में पैर पर पैर डालकर बैठे हैं और आकाश की ओर देखते हुए हथेलियों को फैलाए हुए हैं। उन पर रोशनी। बाकी सब जगह अँधेरा)

रामानुजर : हे भगवान ! समाजसेवा मेरा लक्ष्य है। यह गृहस्थ जीवन में साध्य में नहीं है। पत्नी राजी हो तो यह संभव है। जिस वैष्णव धर्म का मैं सपना देख रहा हूँ, जैसा उस दिन तुमने भाँपा, सारा विश्व ही उसका लक्ष्य है। वैष्णव धर्म का जीवन है सबके लिए एक नीति। ऐसे वैष्णव धर्म को बनाने के लिए मुझे आदर्श साहस और मानसिक शक्ति चाहिए। मैं त्याग से मानवीय संबंध का अनुभव करूँगा...यह संकल्प है। *(वे आँखें बंद करते हैं...अँधेरा...)*

दृश्य–7

(मंच में बहुत ही हल्की रोशनी। एक आदमी और एक औरत मंच के चक्कर लगाते हुए बहुत धीरे-धीरे आ रहें हैं। रात का समय है। उल्लू की आवाज और लोमड़ी की आवाज से पता चलता है कि वे जंगल के बीच में हैं।

औरत के हाथ में एक छोटा गमछा है। लगता है कि वे पति-पत्नी हैं। उनके मंच के तीन बार चक्कर लगाने के बाद, मंच के आगे के हिस्से की बाईं ओर से एक दुबला-पतला आदमी भूखा-सा, लड़खड़ाता हुआ आता है। जब मंच पर आता है, पति-पत्नी मंच के पीछे वाले भाग की दाईं ओर हैं। वह दाएँ हाथ को आँखों के ऊपर रखकर उसे देखता है। वे मंच के चक्कर लगाकर उसके पास जाते हैं वह सिर उठाकर उन्हें देखता है।)

वह : स्वामी, मैं बहुत दूर से आया हूँ। मुझे कूरम जाना है लगता है रास्ता भूल गया हूँ। कृपया...

पति : किसलिए कूरम जा रहे हैं आप ? *(टोककर)*

वह : मैंने सुना कि कूरेचर के घर का दरवाजा रात और दिन मेहमानों के लिए खुला रहता है। मैं अत्यंत भूखा हूँ...

(आदमी अपनी पत्नी को देखता है। वह गमछे से एक सोने की कटोरी को निकालकर गमछा पति को देती है। उसका पति उसे कटोरी निकालते नहीं देखता। वह उस वक्त दूसरे आदमी से बात कर रहा था।)

पति : आपको कूरेचर के पास जाने की आवश्यकता नहीं, कूरेचर खुद आपके पास आए हैं।

(कूरेचर अपनी पत्नी से गमछा लेकर उसको देते हैं। उनके चेहरे पर मुस्कान। भिक्षुक चौंककर, उलझा हुआ-सा खड़ा है कि अपनी इच्छा से माँग कर लिए गए गमछे को स्वीकर करें या नहीं।)

भिक्षुक : मैं समझा नहीं। क्या आप ही कूरेचर हैं ? यह क्या ? आप इस तरह जंगल में...?

कूरेचर : यह जंगल नहीं है... *(मुस्कुराते हुए)* स्वर्ग जाने का रास्ता है, यह वह कृपा का रास्ता है जो हमें रामानुजर तक ले जाता है...वह धार्मिक मार्ग जिसमें घरबार छोड़े हुए इस दशा में भी आपको आहार देने का सौभाग्य हमें मिला...

भिक्षुक : कूरेचर, आपने अपना, खाना मुझे दे दिया। क्षमा कीजिए, स्वामी...मुझे यह...।

(वे गमछे को कूरेचर को वापस देने का प्रयत्न करते हैं... लेकिन कूरेचर गमछा वापस नहीं लेते हैं। मना करते हैं...)

भिक्षुक : क्या आपको भूखा छोड़कर मैं अपनी भूख मिटा सकता हूँ ?

कूरेचर : आप भूख से तड़प रहे हैं। आपका शरीर इतना दुबला है। आपको ही इसकी आवश्यकता है। खाइए । फिर मिलेंगे।

(वे अपनी पत्नी आँडाल के साथ फिर चल पड़ते हैं। अँधेरा... कुछ क्षण बाद धीमी रोशनी आने पर वे चल रहे हैं। आँडाल जी छिपाई हुई सोने की कटोरी को निकाल कर देखती हैं। लोमड़ी की आवाज सुनाई देती है। डरकर छिपा लेती हैं। कूरेचर को आभास होता है कि आँडाल झिझक के साथ चल रही हैं।)

कूरेचर : यह झिझक क्यों ? डर लग रहा है क्या ? *(मुस्कुराते हुए)*

आँडाल : हाँ...

कूरेचर : यदि किसी ने गलती की तो तभी वह डरता है।

आँडाल : गलती की है।

कूरेचर : *(चौंककर घूमते हुए)* क्या कहा की है ?

(आँडाल उनको सोने की कटोरी दिखाती है।)

कूरेचर : सोने की कटोरी ? यह किसलिए ?

आँडाल : अ।पको...पानी देने के लिए।

कूरेचर : इसे भी उस गरीब भिक्षुक को दे दिया होता।

(वे उस कटोरी को आँडाल से लेकर दूर फेंक देते है।)

कूरेचर : अब कोई डर नहीं ... आओ।

(वे तेजी से चलते हैं। आँडाल उनके पीछे-पीछे चलती है। अँधेरा...)

(कुछ क्षणों बाद रोशनी आने पर मंच के बीचोंबीच रामानुजर सारंगी वेश में आसन पर बैठे हैं। उनके पास उनकी बहन का बेटा मुदलियाँडान है। सुबह का समय है)

रामानुजर : कूरेचर और उनकी पत्नी हमारे मठ में शामिल होने के लिए आ रहे हैं। उनके रहने का बंदोबस्त करो।

(तब मंच के आगे वाले हिस्से की बाईं ओर से कूरेचर और आँडाल अंदर आते हैं। रामानुजर खुशी से उठते हैं। कूरेचर उनके गले लग जाते हैं।)

रामानुजर : *(मुस्कुराते हुए)* तृदण्डम् (संस्कृत–मुनि का डंडा) आ गया, पवित्रम् के लिए।

कूरेचर : क्या कह रहे हैं आप ?

रामानुजर : यह मेरी बहन का बेटा मुदलियाँडान, मेरा तृदण्डम्। आप मेरे पवित्रम्। वैष्णव समाज के दो स्तम्भ। *(आँडाल को देखकर)* आपका गहरा ज्ञान हमारे वैष्णव धर्म को चाहिए। हमारे समाज में पुरुष और औरत एक समान हैं।

(लगता है कि आँडाल कुछ शरमा जाती है।)

कूरेचर : *(आश्चर्य से)* क्या आपको पता था कि हम आ रहे हैं ?

रामानुजर : क्या यह सोचना कि एक समान भाव के होने से मित्रता का अधिकार भी आ जाता है–

(कूरेचर आँडाल को देखकर मुस्कुराते हैं। जिससे पता चलता है कि उन दोनों ने आपस में इस बारे में पहले ही बात की

थी कि रामानुजर उनके आने की आशा करते होंगे।)

रामानुजर : अब, मैं अपने गुरुजी यादव के प्रकासर की प्रतीक्षा कर रहा हूँ। उनके आने के बाद, काँची के कृपासागर की अनुमति से हम सभी तिरुवरंगम जाएँगे।

मुदलियाँडान : *(चौंककर)* यादव प्रकासर ? उन्होंने आपको जो कष्ट पहुँचाया...

रामानुजर : *(बात काटते हुए)* कष्ट कुछ भी नहीं। जब विचार अलग हों, तो सबसे पहले हम अपना विवेक खो बैठते हैं। उन्होंने व्यक्तिगत रूप से कुछ नहीं किया। साफ पता चलता है कि अभी वे बहुत उलझे हुए हैं। अच्छा, तुम जाकर इन दोनों के यहाँ रहने का इंतजाम करो...

(चले जाते हैं) (अँधेरा...)

(कुछ क्षणों बाद जब रोशनी आती है, मंच के बीचोंबीच यादव प्रकासर खड़े हैं। उनकी उम्र लगभग साठ साल की होगी। उनका चेहरा पीड़ा से भरा है। रोशनी का घेरा केवल उन पर पड़ता है। बाकी सारे मंच में अँधेरा। वे कुछ देर इधर-उधर टहलते हैं। परेशानी से तड़प रहे हैं।)

यादव प्रकासर : कितना कष्ट पहुँचाया मैंने रामानुजर को ! क्या वे मुझे हँसी-खुशी स्वीकार करेंगे ? *(चुप्पी... इधर-उधर टहलते हैं)* मेरे सिद्धांत से मेरे मन को शांति नहीं मिली। सिद्धांत में गलती है या मेरे समझने में ? *(चुप्पी... इधर-उधर टहलते हैं)* मेरे परेशान तड़पते मन के लिए स्थिर आदर्श मार्ग क्या है ?

आदर्श मार्ग कौन-सा है ?

इसमें क्या सही है ? किससे पूछूँ ?

(चुप्पी... इधर-उधर टहलते हैं)

वैसे रामानुजर कहते हैं, आदर्श मार्ग कौन है ? ऐसे ही पूछना चाहिए।

आकार होने से ही एहसास करना आसान होता है। भक्त बनना भी आसान है।

'निर्गुण ब्रह्मम्'

समझा, महसूस नहीं किया जा सकता, महसूस किया भी नहीं जा सकता। यदि गुण हों। तभी उनका भक्त कह सकता है कि, इस सुख के सिवा इंद्रलोक का सुख भी मुझे मिले तो मुझे नहीं चाहिए, बस इसे पाने की प्रार्थना करता हूँ।

(चुप्पी... इधर-उधर टहलते हैं)

जब रामानुजर मेरे शिष्य थे, तभी उन्होंने मुझे इस मूल शिक्षा का भान कराया था कि ब्रह्मम् भुवनसुंदर होने से ही विश्व सुंदर लगता है।

इसे समझे बिना मैंने उनको कितना कष्ट पहुँचाया।

क्या वे मुझे स्वीकार करेंगे ?

(चुप्पी... इधर-उधर टहलते हैं)

(रोशनी कम होकर अँधेरा। कुछ क्षणों बाद जब रोशनी आती है मंच के बीचोंबीच यादव प्रकासर बैठे हैं। बैठे हुए ही सो रहे हैं। कुछ क्षणों के लिए शांति।

अचानक जागते हैं। आँखें मलते हैं। महसूस करते हैं कि बैठे हुए ही सो गए थे। आँखें मलते हुए चारों ओर देखते हैं।

तब मंच के आगे वाले भाग की बाईं ओर रामानुजर अंदर आते हैं।

उन्हें आते देखते ही, यादव प्रकासर चौंककर उठ खड़े होते हैं।

रामानुजर उनके पास आकर उनको प्रणाम करते हैं)

यादव प्रकासर : *(घबराए हुए स्वर में)* यह क्या ? मैंने...
तुमको...आपके साथ जो कुछ किया...

रामानुजर : *(बात काटते हुए। मुस्कुराते हुए।)* मुझे पता है कि आपके घर का दरवाजा हमेशा मेरे लिए खुला रहेगा। आपको ले जाने के लिए आपकी अनुमति के बिना मैं आपके घर के अंदर घुस आया हूँ।

यादव प्रकासर : *(अपराध के भाव से)* रामानुजर, मुझे क्षमा कर दीजिए–

रामानुजर : क्या शिष्य गुरु को क्षमा कर सकता है ? कैसी अशुभ बात...इसके बारे में अब कोई चर्चा नहीं होगी। आइए चलते हैं। आप अद्वैत में उच्चतम हैं, यदि आप कहें कि मैं जो कुछ कहता हूँ, ठीक है, तो इससे बढ़ कर मेरी प्रशंसा और क्या होगी ?

(यादव प्रकासर उनके गले लग जाते हैं। अँधेरा...)

(कुछ क्षणों बाद रोशनी होने पर, तिरुक्कच्ची नम्बी, दर्शकों की ओर, आँखें बंद करके ईश्वर की प्रार्थना कर रहे हैं। पिछले मंच की दाईं ओर से एक व्यक्ति आता है। उम्र

पैंतालीस होगी। उन्हें आता हुआ जानकर मुड़कर देखते हैं। उनके चेहरे पर खुशी। आया हुआ व्यक्ति वैष्णव है। सुबह का समय है।)

तिरुक्कच्ची नम्बी : *(खुशी से)* स्वामी, आप तिरुवरंगम पेरुमाल के पुजारी...?

पुजारी : हाँ...आपका सेवक।

तिरुक्कच्ची नम्बी : आपको आलवंदार के साथ देखने का सौभाग्य मुझे मिला। आपकी आवाज की मिठास के बारे में भी मैंने सुना है।

(तभी रामानुजर, मुदलियाँडान, कूरेचर, यादव प्रकासर, शिष्य पिछले मंच की दाईं ओर से आते हैं। रामानुजर अरैयर को देखते हैं।)

तिरुक्कच्ची नम्बी : तिरुवरंगम पेरुमाल के पुजारी। तिरुवरंगम से आये हैं।

(रामानुजर उनको प्रणाम करते हैं।)

रामानुजर : *(खुशी से)* आपका संगीत और नृत्य विश्व प्रसिद्ध है। स्वामी, जो आनंद तिरुवरंगम को प्राप्त है, क्या काँची के वर देने वाले (ईश्वर) को नहीं मिल सकता।

पुजारी : वर देने वाले, मैं इस आशा से आया हूँ कि मैं जो वर माँगूँगा वह आप देंगे।

रामानुजर : क्या वर, स्वामी।

(बिना उत्तर दिए, अरैयर नाचते हुए गाते हैं।)

(हाथ भर भर के माखन निकालकर बड़े चाव से खाते हुए दिख पड़ते हैं कमल की कलियों-जैसे छोटे-छोटे हाथ मथानी उठाकर मारने के लिए जब जाती है उससे डरी हुई दशा में सफेद दही से भीगे हुए छोटे लाल मुँह, का रोना, डर कर वह देखना, सुंदर प्रवाल जैसा छोटा लाल मुँह हिलता हुआ, हाथ जोड़कर विनती करना, इन सबको देखकर यशोदा प्यार भरे गुस्से के आनंद के शिखर पर पहुँचती है।)

(कूल शेखर [एक आलवार] के देखे हुए दृश्य को वे अत्यंत मीठे स्वर में गाकर, मगन होकर नाचते हैं। सब अपने आप को भूलकर, ठिठककर देखते हैं। जब वे गाना और नाचना खत्म करते हैं, तो धीमे स्वर में जो मंदिर की घण्टी बजने लगी थी, जोर से बजने लगती है। शंख की गूँज)

अमुदनार : एक और विनती।

रामानुजर : बोलिए।

अमुदनार : अब से यही मेरा घर है। अनुमति चाहता हूँ।

रामानुजर : यह मेरा सौभाग्य है, अमुदनार। मंदिर कार्य में आपका इतना अनुभव है। आपकी सहायता हमें चाहिए। यहाँ बहुत सारे लोगों को आप जानते हैं। *(किटंबी आच्चन को देखकर)* इससे मेरा बहुत घनिष्ट रिश्ता है, किटंबी आच्चान।
(गोविंद पेरुमाल की ओ संकेत करके) मेरी मौसी का बेटा, गोविंद पेरुमाल। (*मुदलियाँडान को दिखाकर)* यह मेरी बहन का बेटा मुदलियाँडान।

अमुदनार : बाकी सबको मैं जानता हूँ।

रामानुजर : मारनेर नम्बी को ?...
(वे मारनेर नंबी की ओर संकेत करते हैं)

अमुदनार : आलवंदार के करीब जो थे, वे जानते हैं कि वे नीची जात के हैं। जो आलवंदार ने किया, यहाँ कइयों को अच्छा नहीं लगा।
मंदिर संस्था हमारे हाथ में आने पर ही, हम जिस वैष्णव धर्म का सपना देख रहे हैं, वह स्थापित हो सकेगा। सामाजिक न्याय ही इसका आधार है।

कूरेचर : आ रहा।

रामानुजर : *(समझे बिना)* क्या कह रहे हैं आप ?

कूरेचर : मंदिर संस्थान।
(तब मंच के आगे वाले हिस्से की बाईं ओर से एक वैष्णव आते हैं। रामानुजर उन्हें देखते हैं...)

रामानुजर : *(खुशी से उठ खड़े होते हुए)* आइए, तिरुवरंगम के अमुदनार जी अब समझा कूरेचर की बात को।
(रामानुजर अमुदनार से गले लग जाते हैं, उनको साथ ले आते हैं। अमुदनार रामानुजर को एक चाबी का गुच्छा देते है।)

अमुदनार : कल ही मैंने कूरेचर को इसे दिया। उन्होंने मुझे आज यहाँ आकर आपको देने का कहा।
(रामानुजर कुछ समझे बिना कूरेचर को देखते हैं।)

कूरेचर : कल मैं इनकी माताजी के श्राद्ध पर गया था।
(अचानक शांति...आकाश से आवाज गूँज उठती है।)

आवाज : पुजारी, हम खुश हुए। कुलशेखर ने जो चित्र देखा...अपना वपचन नहीं तोड़ेगा, क्या चाहते हो ?

अरैयर : रामानुजर !

(सब चौंक जाते हैं। रामानुजर के चेहरे पर मुस्कान)

आवाज : संगीत के योग्य पुरस्कार ! जो आनंद हमने पाया तिरुवरंगम को भी मिले। रामानुजर को तिरुवरंगम ले जाइए। *(मंदिर घण्टी... अँधेरा...)*

अंक–2

दृश्य–1

(रोशनी आने पर, मध्यायु से ज्यादा आयु के रामानुजर पिछले मंच के बीच में बैठे हैं। दो पंक्तियों में कूरेचर, मुदलियाँडान, किटंबी आच्चान, पेरिय नम्बी, मारनेर नम्बी, गोविन्द पेरुमाल और बाकी शिष्य बैठे हैं। रामानुजर उनसे बात कह रहे हैं...)

रामानुजर : वैष्णव धर्म का आचार, मंदिर के...

आलवंदार के काम को मुझे आगे ले जाना होगा। अब से हमारे मठ में कई मारनेर नम्बी होंगे मंदिर संस्था का सुधार मेरा पहला काम है। अब से हर दिन मंदिर के उत्सव का दिन होगा। हममें हर जाति के लोग शामिल होंगे। तिरुवरंगम की सभी गलियों में उत्राव गनाने वाले चलें फिरेंगे। भगवान के लिए कोई ऊँच-नीच नहीं।

देबकक्ष में नेदों के साथ-साथ आलवारों के स्तुति गीत भी गूँजने चाहिए।

तमिल संस्कृत दोनों वेदों को जानने वाला ही उभय वेदांत कहलाएगा। वालायिरम् को तरह तरह के नए-नए अर्थ सिखाएँगे।

लेकिन इसके कारण, हमें यह सोच कर संतुष्ट नहीं रह जाना चाहिए कि अभी तक हमने जो बड़ों के मौखिक व्याख्यान सुने वे काफी हैं। तमिल वेदों के अर्थ की सीमा को विश्व को नापने वाले के पैरों के लक्ष्य की तरह, विस्तृत होना है। हर किसी को व्याख्यान देने का अधिकार होगा। यही वह वैष्णव धर्म है जिसे मैं देख रहा हूँ।

शिष्य 1 : व्याख्यान देने का अधिकार सभी को मिले तो...हर कोई,

अपने-अपने मन के अनुसार...

रामानुजर : यदि सही हो, तो कोई भी जो कुछ भी कहें, ठीक ही हैं। उसकी बात सौंदर्य भाव के उपयुक्त होनी चाहिए। सौंदर्य और धार्मिकता अलग नहीं है। भक्ति और रसास्वादन अलग नहीं है। मुझे अब भी बहुत कुछ सीखना है। अष्टाक्षर के अर्थ मुझे कोष्ठिपूर के पास पूछने होंगे। यही मेरा पहला काम है। पेरिय नम्बी की इच्छा भी यही है।

अमुदनार : कोष्ठिपूर नम्बी वैष्णव रहस्यार्थों को अपने हृदय में बंद करके रक्खे हुए हैं। उनके मुँह से उन्हें निकलवाना इतना आसान नहीं है।

रामानुजर : प्रयत्न सफल होगा।

अमुदनार : भगवान की कृपा हो। *(अँधेरा)*

दृश्य–2

(कुछ क्षणों के बाद हल्की-सी रोशनी होती है। रामानुजर, कूरेचर और मुदलियाँडान, तीनों तीन बार मंच का चक्कर लगाते हैं। वे थके हुए हैं। पसीना पोंछते हैं। उषाकाल...)

रामानुजर : *(थके हुए)* सब जगह खोज लिया, फिर भी कोष्ठि जी के घर का पता नहीं चला। *(तभी मंच के आगे वाले भाग की दाईं ओर से एक व्यक्ति बाई ओर की तरफ चलता आता है। कूरेचर तेजी से उनकी ओर जाते हैं।)*

कूरेचर : स्वामी !
(वे रुकते हैं।)

कूरेचर : तिरुकोष्ठिपूर नम्बी का घर किधर है ?

वे : वो देखो *(बाईं ओर दिखाकर)*...
सीधे जाकर दाईं तरफ घूमो तो एक छोटी-सी कुटिया दिखाई देगी। वही उनका घर है...वे तो...किसी से मिलते नहीं...?

कूरेचर : धन्यवाद...स्वामी।
(वे तीनों मंच के आगे वाले भाग के दाईं ओर जाते हैं। मंच के पीछे वाले भाग में बीच में एक चटाई पर बैठे हुए ताड़ के पन्नों को पलट रहे हैं। उनकी उम्र साठ से ज्यादा होगी।

मुखभाव कड़ा है। वे तीनों उनकी ओर जाते हैं। उनसे कुछ दूर आकर रुक जाते हैं। वे उन्हें आते देखते नहीं। वे पन्नों में डूबे हुए हैं।)

रामानुजर : *(नरम स्वर में)* स्वामी...

(वे सिर उठाकर देखते नहीं।)

रामानुजर : स्वामी...

(नम्बी ऊपर देखते हैं। रामानुजर को चुपचाप देखते हैं। ऐसा लगता है कि उनको अब तक एहसास नहीं हुआ है कि उनके सामने कोई खड़ा है।)

रामानुजर : मैं, आपका सेवक, रामानुजर तिरुवरंगम से आया हूँ।

(नम्बी देखते रहते हैं।)

रामानुजर : *(कूरेचर और मुदलियाँडान की ओर संकेत करते हुए)* ये कूरेचर, ये मुदलियांडान। *(नम्बी उनको चुपचाप देखते रहते हैं। ऐसा नहीं लगता कि उन्होंने कूरेचर और मुदलियांडान को देखा हो।)*

रामानुजर : मेरे गुरुजी पेरिय नम्बी ने आपके पास आने की आज्ञा दी।

नम्बी : किसलिए ?

रामानुजर : हालाँकि मैंने कई लोगों से पाठ सुना है किंतु फिर भी मुझे यह अभाव महसूस होता है कि रहस्यार्थ आपसे नहीं सुना।

(नम्बी चुप हैं)

रामानुजर : आप शिक्षा के सागर हैं, मुझ पर कृपा कीजिए।

(नम्बी चुप हैं)

रामानुजर : मैंने आलवंदार की एक अधूरी इच्छा पूरी करने का प्रण लिया है। उसके लिए आपसे पाठ सुनना बहुत आवश्यक है।

नम्बी : कौन सी अधूरी इच्छा ?

रामानुजर : व्यास सूत्रों का विशिष्टाद्वैत व्याख्यान करना। *(नम्बी रामानुजर को ऊपर से नीचे तक देखते हैं। मानों पूछ रहे हों कि तुम उसे लिखने के लायक हो)*

रामानुजर : *(उनके भाव को समझकर)* मैं इसके योग्य नहीं। आप ही को मुझे योग्य बनाना होगा।

नम्बी : ठीक है, बाद में आइए, देखेंगे; अभी नहीं हो सकता।

(वे झट से उठकर चल जाते हैं। अँधेरा कुछ क्षणों के बाद जब हल्की सी रोशनी होती है। रामानुजर, कूरेचर, मुदलियांडान मंच का एक बार चक्कर लगाकर थक कर खड़े होते हैं...)

रामानुजर : *(थके हुए)* अठारह बार आ चुके। बार-बार वही उत्तर, 'बाद में आओ'...! मैंने क्या गलती की ?

कूरेचर : क्या उनको हमारा आपके साथ आना बुरा लगा ?

मुदलियांडान : शायद आप अकेले जाएँ तो...

रामानुजर : अगली बार मिलने पर पूँछूँगा। उसका उत्तर भी मेरे पास है।

(तब एक व्यक्ति रामानुजर की ओर तेजी से आता है।)

व्यक्ति : स्वामी...

(रामानुजर मुड़कर देखते हैं)

वह व्यक्ति : नम्बी ने आपको बुलाया है।

(रामानुजर का चेहरा खिल उठता है।

अँधेरा...कुछ क्षणों के बाद, पिछले मंच के बीच में, चटाई पर नंबी बैठे हैं। उनके हाथ में ताड़ के पन्ने। रामानुजर, कूरेचर और मुदलियांडान नंबी के सामने जाकर प्रणाम करते हैं।)

नम्बी : मैंने आपसे क्या कहा ?

(रामानुजर समझे बिना उन्हें देखते हैं।)

नम्बी : आप संन्यासी हैं। मैंने कहा कि केवल अपने तृदण्डम् और पवित्रम् को लेकर पाठ सुनने के लिए आइए। इनको क्या ले आए हैं आप ? क्या रहस्यार्थ भीड़ में सुना जा सकता है ?

रामानुजर : जैसे आपने कहा वैसे ही मैंने किया है, स्वामी ! कूरेचर ही मेरे पवित्रम् हैं और मुदलियांडान मेरे तृदण्डम्।

नम्बी : चतुर उत्तर। उनको यहाँ नहीं रहना चाहिए। पाठ केवल आपके लिए है। आप चाहें तो, कहिए, अभी ही पाठ सुन सकते हैं।

(कूरेचर और मुदलियांडान चले जाते हैं। रामानुजर उनको जाते नहीं देखते। जब उन्हें पता चलता है कि वे चले गए हैं तो कुछ कहने को होते हैं। फिर चुप रह जाते हैं।)

नम्बी : पाठ आरंभ करूँ ?

रामानुजर : जो आपकी आज्ञा हो, स्वामी !

नम्बी : पास आइए।

(हल्की रोशनी में नम्बी कुछ बोलते दिखाई देते हैं। कोई भी ध्वनि नहीं है। यह क्रिया 2-3 मिनटों तक हो सकती है। रामानुजर बड़े ध्यान से उनकी बात सुनते हैं कुछ क्षणों

के लिए शांति...)

नम्बी : ये रहस्यार्थ केवल आपके लिए हैं। यदि आपने किसी और को बताया तो वह गुरु के प्रति विश्वासघात होगा। जिसका फल यह कि आप नरक जाएँगे। यह मेरी चेतावनी है। समझे ?

(रामानुजर चुप खड़े हैं। अँधेरा... कुछ क्षणों के बाद मंच में रोशनी फैल जाती है।)

(मंच के बीचोंबीच मंदिर की दीवार की तरफ एक आसन। उस पर रामानुजर खड़े हैं। उनके पास उनके दोनों तरफ कूरेचर और मुदलियांडान खड़े हैं। उनके सामने बहुत सारे लोग इकट्ठा हैं, जाति भेदभाव के बिना।)

रामानुजर : जो सुख मैंने पाया उसे मैं आप के साथ बाँटना चाहता हूँ। नारायण विश्व-रूप धारण करके, सारे विश्व में फैले हुए हैं। ऐसी कोई जगह नहीं जिसमें भगवान नहीं हैं। यदि हर जगह वैकुण्ठ है तो जिसे भी देखो, किसी भी इनसान में ऊँच-नीच नहीं है। ये चार वर्ण नारायण पर किया गया अन्याय है। वही भुवनसुंदर है, वही मनुष्य का लक्ष्य है। वही उसे समझने को ले जाने वाला मार्ग है। वही हमारा एकमात्र आश्रय है। उसके मार्ग पर चलकर काम करना हमारा कर्तव्य है। काम, काम, काम। यही हमारा मंत्र है। यही गीता के धर्मश्लोक का सार है उसे हम भक्ति का लक्ष्य बनाकर और समाज सेवा की जिम्मेदारी को सिर पर रखकर काम करेंगे। ओम नमो नारायणाय।

(उनके जोर से नारायण शब्द बोलने पर, भीड़ वही दोहराती है। तब मंच के आगे वाले भाग की बाईं ओर से तिरुकोष्ठिपूर अत्यंत क्रोध में तेजी से आते हैं।)

नम्बी : *(ऊँची आवाज में)* यह गुरु के प्रति विश्वासघात है, रामानुजर।

(भीड़ के लोग चौंककर, मुड़कर देखते हैं।)

रामानुजर : *(मुस्कुराते हुए)* आइए, गुरुजी।

(वे नीचे उतरकर नम्बी के पैर पड़कर उनको प्रणाम करते हैं। नम्बी अलग हट जाते हैं।)

नम्बी : आपको पाठ सुनाने से पहले मैंने क्या कहा था ?

रामानुजर : *(मुस्कुराते हुए)* आपने कहा कि मुझे किसी को भी रहस्य का अर्थ नहीं बताना चाहिए। आपने कहा कि बताने से मैं

नरक में जाऊँगा।

नम्बी : तो फिर भी...?

रामानुजर : *(मुस्कुराते हुए)* देखिए, गुरुजी। रहस्य जानकर इतने सारे लोग स्वर्ग जाने वाले हैं। यदि एक मैं ही नरक में जाऊँ तो इसमें कौन-सा कष्ट है ? जुग-जुग जीयो, जुग-जुग जीयो, जीवन का नाश करने वाले पापों का श्राप खत्म हुआ। कहकर हमें खुश ही तो होना चाहिए ?

(नम्बीच चुप हैं)

नम्बी : चलो खुशी मनाएँ। तुमने अभी जो आलवार स्तुति गीत की बात की, उसे पूरा गाइए। *(कुछ क्षणों के बाद)*

रामानुजर : *(गाते हैं)*

सागर के रंग के ईश्वर के भक्तों को हमने
इस धरती पर भीड़ों में इकट्ठा होकर
खुशी से नाचते, गाते, इधर-उधर घूमते फिरते देखा।
इसलिए जीवन को नाश करने वाले पापों का श्राप खत्म हुआ।
पापों के दण्ड का दुख-भरा नरक भी मिट गया। यमराज के लिए अब इस दुनिया में कोई जगह नहीं। कलयुग आने से पहले ही पाप मिट जाएगा। यह सब आप भी अपनी आँखों से देखेंगे
जुग जुग जीयो ! जुग जुग जीयो ! जुग जुग जीयो !

(सभी, ओम नमो नारायणाय का उच्चार करते हैं। नम्बी रामानुजर को जोर से आलिंगन करते हैं।)

नम्बी : अब से आपको 'एम्पेरुमानार' [स्वामी] के नाम से पुकारा जाएगा।

(भीड़ में खुशी, उत्तेजना। अँधेरा...)

दृश्य–3

(पर्दा उठने पर, उसी क्षण मंदिर में घंटी बज रही है। सुबह का समय है।)

मंच के बीच में चार वैदिक ब्राह्मण, बीस से साठ साल तक की उम्र वाले। देखने में सब अलग-अलग हैं। एक बहुत लंबा है, दूसरा बहुत नाटा, तीसरा मोटा, चौथा दुबला इस तरह

चारों वृत्त के आकार में खड़े हुए, एक दूसरे से बात कर रहे हैं।

मंदिर की घण्टी बजने पर, रोशनी उन पर पड़ती है। रोशनी में हम उनके इशारों को अच्छी तरह देख सकते हैं। हाथ-पैर हिलाते हुए बातचीत कर रहे हैं।

मंदिर में घण्टी की ध्वनि कम होते ही, उनकी बात सुनाई देती है।)

ब्राह्मण 1 : आलवंदार पर विश्वास करके...

ब्राह्मण 2 : हम बरबाद हो गए।

ब्राह्मण 3 : उनके अंतिम दिनों में...

ब्राह्मण 4 : उनका मन अस्थिर हो गया क्या ?

ब्राह्मण 1 : *(व्यंग्य से)* अच्छा उत्तराधिकारी है।

ब्राह्मण 2 : उत्तरवाले का।

ब्राह्मण 3 : कैसा आचरण ?

ब्राह्मण 4 : कहते हैं सोमयाजी कुटुम्ब के हैं...

ब्राह्मण 1 : किसको पता है ?

ब्राह्मण 2 : जन्म से ही स्मार्थन।

ब्राह्मण 3 : वैष्णव कैसे बने ?

ब्राह्मण 4 : चेट्टीकुड़ी नम्बी उनके पहले गुरु थे।

ब्राह्मण 1 : तिरुक्कच्ची नम्बी ?

ब्राह्मण 2 : हाँ।

ब्राह्मण 3 : पेरिय नम्बी...?

ब्राह्मण 4 : दूसरा गुरु...अब शिष्य के...

ब्राह्मण 1, 2, 3 : शिष्य बन गए।

(चारों हँसते हैं। तब ब्राह्मण 1 हाथ को सर के ऊपर रखकर मंच के आगे वाले भाग की दाईं ओर देखता है। उनको देखते देखकर बाकी सब भी देखते हैं)

ब्राह्मण 1 : *(साहसी स्वर में)* पेरिय नम्बी...

ब्राह्मण 2 : उनके हाथ में क्या है ?

ब्राह्मण 3 : छिपाकर ले जा रहे हैं।

ब्राह्मण 4 : उनके पीछे जाएँ ?

(वे कपड़े में कुछ छिपाकर इधर-उधर देखते हुए जाते हैं। ब्राह्मण उनका पीछा करते हैं। वे मंच की बाईं ओर से बाहर जाते हैं। कुछ क्षणों तक अँधेरा। रोशनी होने पर मंच के

बीच में एक व्यक्ति बैठा है। काले रंग का, तबीयत ठीक नहीं है। दुबला-पतला शरीर चेहरे पर गरीबी दिखाई देती है। पेरिय नम्बी मंच के आगे वाले भाग की बाईं ओर से अंदर आते हैं। उनकी ओर बढ़ते हैं। पेरिय नम्बी को देखकर वे खड़े हो जाते हैं लड़खड़ाते हुए आते हैं। पेरिय नम्बी उनको बिठाते हैं।)

वे : अशुभ ! अशुभ आपने मुझे छू लिया।

(तब चारों ब्राह्मण मंच के आगे वाले भाग की दाईं ओर खड़े होकर देखते हैं। उनके चेहरे पर क्रोध दिखाई देता है।)

पेरिय नम्बी : मारनेर नम्बी ! आप आलवंदार के शिष्य हैं। आप कैसे ऐसा कह सकते हैं ? सच्चे वैष्णव के लिए जाति कहाँ ? *(पेरिय नम्बी कपड़े को हटाते हैं। तीन बर्तनों को एक-एक करके नीचे रखकर, दो बर्तनों से 'आहार' को परोसते हैं।)*

अमुदनार : मेरे सब कुछ देने पर भी ये संतुष्ट नहीं हुए। मैंने पूछा, 'आखिर क्या चाहिए' ? इन्होंने कहा, 'मंदिर संस्था'। उसके बाद ही पता चला कि आप भी यही चाहते हैं।

कूरेचर : हमारे नए समाज में मंदिर बीचोंबीच में होगा। केवल रामानुजर ही इसे स्थापित कर सकते हैं।

अमुदनार : मैं समझा। अब तक बस नाम के वास्ते संस्था मेरे पास थी। स्वार्थियों को सँभालने की शक्ति मेरे पास नहीं थी। अब सबसे ज्यादा मैं खुश हूँ। रामानुजर, अब आप डट कर समाज सुधार कीजिए।

(रामानुजर चाभी के गुच्छे को आँखों से लगाकर आसन पर बैठ जाते हैं।)

रामानुजर : बाधाएँ कई आएँगी।
सामना करना सीखना होगा।
आलवंदार की कृपा से,
कुछ भी असंभव नहीं है।
अरंगन, अमुदनार के रूप में आकर हमें आज्ञा दे रहे हैं।
स्वीकार करना हमारा कर्तव्य है।

(चारों ब्राह्मण एक दूसरे को गुस्से से देखते हैं।)

पेरिय नम्बी : अरंगन का प्रसाद, खाइए। सभी रोग छूमंतर हो जाएँगे।

(जब उन्हें पता चलता है कि अरंगन का प्रसाद है, तो उन चारों के मुँह गुस्से से लाल हो जाते हैं। मारनेर नम्बी खाते

हैं, खाँसते हैं। पेरिय नम्बी प्याले में 'पानी' लेकर उन्हें देते हैं। पानी पीने पर उनकी खाँसी रुक जाती है।

तब चारों मंच पर आते हैं। उन्हें देखते ही मारनेर नम्बी चौंक जाते हैं। खड़े होने का प्रयत्न करते हैं। खड़े हो नहीं पाते। पेरिय नम्बी उन्हें बैठने का इशारा करते हैं। मारनेर नम्बी बड़ी कठिनाई से उठकर कोने में खड़े होते हैं।)

ब्राह्मण 1 : पेरिय नम्बी ! गुरु से बढ़कर शिष्य, या शिष्य से बढ़कर गुरु हैं ?

पेरिय नम्बी : मैं समझा नहीं

ब्राह्मण 2 : नहीं समझे ? *(व्यंग्य से)* वे महापुरुष, वह किस जाति का है ?

अचानक एक आवाज सुनाई देती है : आप और मैं किस जाति के हैं ?

(वे भी मुड़कर देखते हैं। रामानुजर... मारनेर नम्बी के पास जाकर खड़े होते है। नम्बी हटकर खड़े होने का प्रयत्न करते हैं। रामानुजर उनके हाथ पकड़कर उनको अपने पास खींच लेते हैं।)

ब्राह्मण 3 *(व्यंग्य से)* : रामानुजर, आपकी जात बची है, ये तो हमें नहीं पता। हम ब्राह्मण हैं...

रामानुजर : मैं और पेरिय नम्बी दोनों मनुष्य जाति के हैं। आप किस जाति के हैं, ये हमें नहीं पता।

ब्राह्मण 4 : मजाक उड़ा रहे हैं ?

रामानुजर : आप किसे मजाक कह रहे हैं स्वामी ? तो क्या आप मनुष्य जाति के नहीं हैं ?

ब्राह्मण 1 : आपके गुरु या शिष्य–जो भी हों, इनकी ही बात कर रहा हूँ, पेरिय नम्बी–कहते हैं कि बस्ती के लोगों को ही अरंगन का पहला पवित्र जल मिलना चाहिए। क्या कहते हैं आप ?

रामानुजर : अच्छा ? *(वे पेरिय नम्बी को गले लगाते हैं)* अरंगन के योग्य कार्य।

ब्राह्मण 2 : रामानुजर, जो आप कर रहे हैं ईश्वर को भी ठीक नहीं लगेगा...जाति के नीच वाले को...

रामानुजर : कौन नीच है, स्वामी ? जिस व्यास ने वेदों का विभाग किया, वह मछुआरा ही तो था जिसने राम की कहानी सुनाई थी, वह शिकारी ही तो था ? तिरुप्पानालवार पर आपने कंकर

मारा। फिर क्या हुआ ?

ब्राह्मण 3 : क्या आलवार और यह एक हैं ? और महान पेरुमाल के श्रीवत्स अंश के बारे में क्या कहिएगा ?

रामानुजर : जिसे रोका नहीं जा सकता, उसे भाग्य कहकर, अपने मन को समझाना आपकी आदत सी हो गई है। लेकिन मेरे शब्दकोश में भाग्य नाम की कोई चीज नहीं है। सभी के लिए एक ही धर्म, यही मेरा सिद्धांत है।

ब्राह्मण 4 : बेकार बहस क्यों ? हम पेंरिय नम्बी को समाज से वर्जित करने वाले हैं। आपका उपदेश उनकी सहायता नहीं कर सकता।

रामानुजर : *(मुस्कुराते हुए)* मेरे उपदेश की सहायता के कारण ही आपने उनके प्रति इतनी बड़ी भलाई की है।

ब्राह्मण 1 : कैसी भलाई ?

रामानुजर : आपका संग अब उनके लिए नहीं है, क्या यह बहुत बड़ा उपकार नहीं है ?

ब्राह्मण 2 : रामानुजर, आप बहुत ज्यादा बोल रहे हैं। इसका फल आपको भुगतना होगा।

ब्राह्मण 3 : *(गुस्से में)* आइए, चलते हैं।

ब्राह्मण 4 : हमारी ताकत के बारे में आपको अवश्य पता चलेगा।
(वे सब गुस्से में बाहर जाते हैं। मारनेर नम्बी के चेहरे पर पीड़ा)

रामानुजर : लगता है खाने के बीच में उठ गए आप। खाना खत्म कीजिए।

मारनेर नम्बी : मेरी वजह से आपको और पेरिय नम्बी को...

रामानुजर : कोई तकलीफ नहीं। खाइए।
(मारनेर नम्बी, 'आहार' को खाते हैं। 'बर्तनों' को 'पानी' से धोते हैं।)

रामानुजर : मारनेर नम्बी...अपने आप पर दया करना एक बहुत बड़ा रोग है। वह नहीं होना चाहिए।

पेरिय नम्बी : पीढ़ियों से चला आ रहा यह जातिगत भेदभाव जो हमारे रक्त में घुला हुआ है, क्या आपको विश्वास है कि वह इतनी आसानी से मिट जाएगा ?

रामानुजर : जब हम जानते हैं कि यह गलत है, तो क्या हम चुप रह सकते हैं ? जितना हो सके हम प्रयत्न करेंगे, यह कमी नहीं रहनी चाहिए कि हमने प्रयत्न नहीं किया। *(मारनेर नम्बी*

रामानुजर की कृतज्ञता से देखते हैं।)

रामानुजर : आपको, मुझको या पेरिय नम्बी को धन्यवाद देने की आवश्यकता नहीं। श्रीवैष्णव समाज में सभी एक दूसरे के आभारी हैं। उस स्तुति गीत को गाइए, [जुग जुग जीयो...]

(मारनेर नम्बी गाते हैं। उनकी आवाज बहुत ही अच्छी है।)

सागर के रंग के ईश्वर के भक्तों को हमने
इस धरती पर भीड़ों में इकट्ठा होकर
खुशी से नाचते, गाते, टहलते देखा।
इसलिए जीवन के नाश करने वाले पापों का श्राप खत्म हुआ। पापों के दण्ड दुख भरा नरक भी मिट गया। यमराज के लिए अब इस दुनिया में जगह नहीं रही। कलयुग आने से पहले ही पाप मिट जाएगा।
ये सब आप अपनी आँखों से देखेंगे।
जुग जुग जीयो ! जुग जुग जीयो ! जुग जुग जीयो !

(रामानुजर अपने आप को भूल जाते हैं। गाना खत्म होने के बाद कुछ क्षणों तक चुप्पी)

रामानुजर : सागर के रंग के देवता कौन ? हम या वे ? *(ब्राह्मणों के जाने की तरफ संकेत करके)* हम ही...निश्चय ही हम ही। जातियों को मिटाने का एक ही रास्ता है—सबको वैष्णव बनाना। धान के बीज बोने से घास ही तो बिसेगी। *(चुप्पी)* मारनेर नम्बी, आज से आप इस बस्ती के सभी लोगों के लिए प्रबंधम् का पाठ सिखाइए अरंगन !

मारनेर नम्बी : स्वामी, आपके शब्द ने मुझमें नई शक्ति और उत्साह भर दिया। जिस डर ने मुझे जकड़ा हुआ था, अब बिलकुल गायब हो गया।

(वे रामानुजर को प्रणाम करते हैं)

रामानुजर : आइए। चलते हैं। ब्राह्मण आपके घर गए होंगे।

(कुछ क्षणों के लिए अँधेरा। रोशनी आने पर... मंच के दाईं ओर से एक लड़की आती है। अठारह साल की उम्र होगी। सुंदर चेहरा, उसके चेहरे पर दृढ़ता और संकल्प दिखाई देते हैं। वह मंच के बीच तक जमीन को देखते हुए आती है। उसका चेहरा क्रोध से लाल है। एक हाथ कमर पर रखकर पीछे मुड़ती है।)

लड़की : यह किसका काम है ? काँटे बिखेर दिए हैं, यह बहिष्कार

किसलिए ? अरंगन, उत्तर दो, आपकी भक्त अत्तुजाई आप से पूछती है। स्वामी (रामानुजर) की शिष्य हूँ मैं। किसी से भी मैं डरती नहीं।

(ब्राह्मण 1,2,3,4 मंच के आगे वाले भाग की बाईं ओर से आते हैं। अत्तुजाइ उनकी ओर पीठ किए हुए खड़ी हैं, इसलिए उन्हें आते नहीं देखती। वे कुछ हटकर खड़े होते हैं। उनको अत्तुजाइ के संवाद के आरम्भ में ही आ जाना चाहिए।)

ब्राह्मण 1 : अरंगन से मत पूछो, हमसे पूछो। बताते हैं।
(वह धीरे से उनकी ओर मुड़ती है। गौर से देखती है।)

ब्राह्मण 2 : तुम्हारे पिता बस्ती के लोगों को आश्रय दे रहे हैं।

ब्राह्मण 3 : यह अग्रहारम का अपमान है।

ब्राह्मण 4 : काँचीपुरवाला श्रीरंगम को बरबाद कर रहा है।

अत्तुजाइ : वारनेर नम्बी एक उत्तम श्रीवैष्णव हैं। उनके लिए बनाया आहार, अरंगन को दिया अमृत है।
(ब्राह्मण परिहास में हँसते हैं)

अत्तुजाइ : हँस क्यों रहे हो ?

ब्राह्मण 1 : अब से तुम और तुम्हारे पिता को मारनेर नम्बी के महल में ही भोजन करना होगा

ब्राह्मण 2 : अग्रहारम (ब्राह्मणों का मोहल्ला) के ब्राह्मण तुम दोनों को देखेंगे तक नहीं।

ब्राह्मण 3 : अबसे तुम दोनों मंदिर में भी घुस नहीं सकते।

अत्तुजाई : मैं अरंगन से कैसे न्याय माँगूँगी ? तुम लोगों की धमकियों से डरूँगी नहीं।

ब्राह्मण 1 : अरंगन से कैसे न्याय माँगेंगी ?

ब्राह्मण 2 : मंदिर में तुम्हें अंदर आने की अनुमति दें, तभी न ?

अत्तुजाइ : अरंगन केवल मंदिर में नहीं। मेरे हृदय में है। मारनेर नम्बी के संगीत में हैं। हम अरंगन को देवकक्ष में बंद करके कैदी बनाकर नहीं रखते। हमारे लिए सारा विश्व ईश्वर का घर है। व्यक्ति की सुविधा से वह अंतर्यामी है।

ब्राह्मण 3 : रहने दो, हमें कुछ और नहीं कहना-करना। हमने जो रोक लगाई है, उसका उल्लंघन करके कोई भी आप दोनों से संबंध नहीं रखेगा।

अत्तुजाइ : यदि आप लोग ही ब्राह्मण समाज हैं तो आपसे संबंध हमको चाहिए भी नहीं। यह पाठ रामानुजर ने हमें सिखाया है।

ब्राह्मण 4 : तुम्हारी ये हिम्मत ?

अत्तुजाइ : नहीं, इतना आत्मविश्वास ! कल जब उत्सव में मूर्ति निकलेगी, अरंगन से न्याय माँगूँगी।

ब्राह्मण 2 : *(हँसते हुए)* क्या कर लोगी ?

अत्तुजाइ : हमको न्याय दिए बिना उनसे एक कदम भी आगे नहीं बढ़ाया जाएगा। यह मेरी शपथ है।

(ब्राह्मण सहसा आश्चर्यचकित हैं। अँधेरा... ! रोशनी आने पर दूर से नादस्वरम संगीत सुनाई देता है। मल्लारी संगीत। राग गंभीर नाट्टै। दूर से सुनाई देने वाला संगीत धीरे-धीरे पास आने की तरह अधिक जोर से सुनाई देना चाहिए। वेद-पाठ सुनाई देता है। 2,3 मिनटों के बाद अत्तुजाइ मंच के पीछे वाले भाग के दाईं ओर से तेजी से आकर मंच के बीच में दोनों हाथों को फैला देती है। रोकने की मुद्रा में। नादस्वरम संगीत और पास आते ही वह हाथ फैलाए हुए आग बढ़ती है ब्राह्मण 1, 2, 3, 4 दाईं ओर से मंच पर आते हैं।)

अत्तुजाइ : इससे आगे तुम्हें नहीं जाने दूँगी।

ब्राह्मण 1 : *(गुस्से में)* धमकी दे रही हो क्या ?

अत्तुजाइ : मैं आपसे बात नहीं कर रही हूँ।

ब्राह्मण 2 : किससे बात कर रही हो ?

अत्तुजाइ : अरंगन से।

(पीछे नादस्वरम संगीत रुक जाता है।)

ब्राह्मण 3 : तुम पागल हो क्या ?

अत्तुजाइ : अरंगन, उत्तर दो, तुम्हारा नाम लेकर ये लोग मेरे पिता का अपमान कर रहे हैं। यह कैसा न्याय है ?

ब्राह्मण 4 : तुम्हारे पिता ने तो ब्राह्मण कुल को ही अपमानित किया है। नीच जाति वाले के लिए अरंगन का अमृत...ऐसा अत्याचार ?

अत्तुजाइ : अरंगन, इनसे कहो कि श्रीवैष्णवों के लिए कोई जाति नहीं। इनको नम्मालवार के स्तुति गीत की याद दिलाओ।

(मीठे स्वर में गाती है)

ज्योति के ज्वालामूर्ति कमल जैसे कृष्ण को,
मीठे दूध के सागर में आनंदशयन करते हुए परमात्मा को,
बड़े प्यार से जिसने हर तरह के जन्म की सृष्टि की
जन्म जन्म का मेरा स्वामी परमात्मा को मैं पूजता हूँ।
जिस परमात्मा को नम्मालवार पूजते हैं, क्या जाति में नीच हैं ?

अरंगन, इनसे पूछो, जाति को किसने बनाया...तुमने...? इन्होंने ही न !

ब्राह्मण 2 : हमने नहीं बनाया। कर्मफल से जाति होती है।

अत्तुजाइ : क्रूर फल का कर्त्ता भी मैं हूँ,
क्रूर फल का हल भी मैं हूँ,
जब ईश्वर ने ऐसा कहा है, तो भी
आप कर्मफल की बात करते हैं। बस यही है स्तुति गीतों की आपकी समझ ? मारनेर नम्बी जैसे श्री वैष्णव कहाँ हैं आपके कुल में ? बिना झिझक के उन्हें आप नीच जातिवाले कह रहे हैं ? अरंगन, क्या यह सही है ? समाज में सभी को एक जाति का बनाकर समानता लाने वाले स्वामी की शिष्य मैं पूछती हूँ। अरंगन, यह सही है ?

(तब तीन व्यक्ति–ब्राह्मण कुल के नहीं हैं–मंच पर आते हैं)

व्यक्ति 1 : वह लड़की ठीक ही तो कह रही है ?

व्यक्ति 2 : क्या देवता ने पाप्पान (ब्राह्मण), पंचमर (दलित) कहा ?

व्यक्ति 3 : मारनेर नम्बी कितने अच्छे हैं, उनको भोजन दिया, क्या इसलिए पेरिय नम्बी को समाज से बहिष्कृत किया ?

ब्राह्मण 1, 2, 3, 4 : आप जाइए, आपको बोलने का अधिकार नहीं है।

(तब रामानुजर वहाँ आते हैं)

रामानुजर : क्यों नहीं है अधिकार ? तिरुमाल (देवता) के किसी भी भक्त को अहंकार का विरोध करने का अधिकार है।

व्यक्ति 1 : अच्छी बात कही आपने, स्वामी।

व्यक्ति 2 : केवल हम ही नहीं, वहाँ *(दाईं ओर संकेत करते हुए)* खड़े सभी लोग इस लड़की के पक्ष में हैं।

व्यक्ति 3 : आप जब पेरिय नम्बी के घर से काँटे हटाएँगे, तभी देवता मंदिर के अंदर जाएगा। *(ब्राह्मण क्रोध से उनको देखते हैं।)*

अत्तुजाइ : ये नहीं बोल रहे। अरंगन इनके मुँह से बोल रहा है। क्या इतना भी आप समझ नहीं पाए ?

(भीड़ में हलचल ब्राह्मण उस दिशा में देखते हैं। तब दो मंदिर के पुजारी मंच पर आते हैं)

पुजारी 1 : जैसा अत्तुजाइ कहती है, इन साधारण लोगों के जरिए अरंगन ही बोल रहा है। अब हमारे समझ में आया।

पुजारी 2 : *(ब्राह्मणों को दिखाकर)* इसकी बातों में आकर हमने जो पेरिय

नम्बी को कष्ट पहुँचाया, गलत ही है। नाथ, आपके विचारों को अब हम समझे।

पुजारी 1 : आपके उपदेश के बल को हम इस लड़की के कारण ही समझे। अम्मा ! तुमने हमें ठीक करने के लिए जन्म लिया, पेरिय नम्बी अब से हम में एक हैं।

(वे हाथ हिलाते हैं। नादस्वर संगीत जोर से सुनाई देता है। चुप्पी... अँधेरा)

(रोशनी होने पर ब्राह्मण 1, 2, 3, 4 पुजारी 1, 2, 3, 4 मंच के बीच में पंक्ति में खड़े हैं। उनके सामने कुछ दूर में दाईं ओर पुजारी 1, बाईं ओर 2 ऐसे खड़े हैं, मानो उनको जवाब देने को मजबूर हैं।)

ब्राह्मण 1 : *(क्रोध से)* आपने तो कुलधर्म का ही उल्लंघन कर दिया।

ब्राह्मण 2 : क्या पल्लु और परैयर जातिवालों के पक्ष में बात करने वाला आपके लिए मुख्य बन गया ?

ब्राह्मण 3 : उस उद्दण्ड लड़की को आपने सहारा दिया ?

ब्राह्मण 4 : बस्ती में अरंगन का मंदिर बना डालिए। बस वही बाकी है।

(पुजारी 2 मुस्कुराते हैं)

ब्राह्मण 1 : हँस क्यों रहे हो ?

पुजारी 1 : कल सभी लोग श्रीपेरुंबुदूरवाले के पक्ष में थे...और किया भी क्या जा सकता था ?

पुजारी 2 : यदि अरंगन बीच सड़क में रुक जाता, तो अपमान किसका होता ?

पुजारी 1 : रामानुजर को सँभालने का एक और रास्ता है।

पुजारी 2 : निश्चित, अंतिम रास्ता।

ब्राह्मण 1 : क्या रास्ता है ?

पुजारी 1 : जल्दी मत कीजिए।

ब्राह्मण 2 : जिस श्रीवैष्णव धर्म को ब्राह्मणों ने बचाए रक्खा था, वह आज...

ब्राह्मण 3 : सारे शहर की आम सम्पत्ति बन गई।

ब्राह्मण 4 : आज पल्लू, परैयर सभी ब्राह्मण बन गए।

ब्राह्मण 1 : आलवंदार पर विश्वास करके...

ब्राह्मण 2 : बरबाद हो गए।

ब्राह्मण 3 : उनके अंतिम दिनों में।

ब्राह्मण 4 : क्या उनका मन अस्थिर हो गया ?

पुजारी 1 : जल्दी मत कीजिए।

पुजारी 2 : क्या रास्ता है।

(धीरज खोकर)

पुजारी 2 : हमने कल जानबूझकर ही वैसा नाटक खेला।

ब्राह्मण 2 : कौन सा रास्ता ?

पुजारी 1, 2 : निश्चित, अंतिम रास्ता।

(वे ब्राह्मण 1 के कान में कुछ कहते हैं। बाकी सब 2, 3, 4 पास जाकर सुनते हैं। ब्राह्मण 1, 2, 3, 4 के चेहरे आलोकित हो आते हैं।)

ब्राह्मण 1 : हम डर गए कि कहीं आप भी स्वामी जी के पक्ष में हैं।

ब्राह्मण 2 : अशुभ...

ब्राह्मण 3 : अच्छी योजना है, अच्छा उपाय है।

ब्राह्मण 4 : मनुनीति मरेगी नहीं।

(अँधेरा हो जाता है)

दृश्य–4

(पर्दा हटने पर, मंच में रोशनी फैली हुई है, रोशनी से पता चलता है कि लोग इकट्ठा होकर गली में चल रहे हैं, नादस्वर संगीत।

कुछ क्षणों के बाद मंच की बाईं ओर से एक आदमी और औरत आते हैं। बहुत ही सुंदर औरत है। सुनहरे रंग का शरीर है।

पुरुष, चौड़े कंधों वाला लंबे आकार का है। काला शरीर, युद्ध के वीर जैसा लगता है।

वे उस औरत को धूप से बचाने के लिए उसके ऊपर छाता पकड़े चले आ रहे हैं। पुरुष प्रेम भरी निगाहों से उसके चेहरे को देखते हुए चल रहा है।

वे जब मंच का एक चक्कर लगा चुके हैं, दाईं ओर तक पहुँचने पर, बाईं ओर से, रामानुजर और उनके दो शिष्य आते हैं।

शिष्य आश्चर्य से उस पति-पत्नी को देखते हैं।

स्वामी के चेहरे पर मुस्कान।

रामानुजर और उनके शिष्यों को वे पति-पत्नी देखते नहीं। दाई ओर चले जाते हैं।)

शिष्य 1 : कौन है वह पागल, औरत के लिए छाता पकड़े हुए ?

शिष्य 2 : *(व्यंग्य भरे अंदाज में)* धूप है न, कहीं देवीजी का शरीर काला न पड़ जाए।

शिष्य 1 : उसके शरीर जैसा ? *(दोनों हँसते हैं। नाथ उनको गुस्से से देखते हैं। शिष्य शर्मिंदा होकर सिर झुकाते हैं।)*

रामानुजर : क्या काला है, आपका मन, या उसका रंग ?

(चुप्पी)

उसको प्यार करना आता है। पता है वह कौन है ?

शिष्य 1, 2 : पता नहीं।

रामानुजर : अंगरक्षक, उरंगाविल्ली है और वह उसकी पत्नी पोन्नाच्ची है। सुंदरता की उपासना करता है, क्या गलत है ?

शिष्य 1 : प...त्नी...? *(खींचता है)*

रामानुजर : पत्नी हो या अरंगन सुंदरता, सुंदरता ही है। इस औरत के पास आतंरिक सौंदर्य, बाहरी सौंदर्य दोनों है। उन दोनों को ले आओ, कहो कि मैंने बुलाया।

(इनकी बात करते समय, नादस्वरम संगीत लगातार धीमा-सी सुनाई देता है। दोनों शिष्य दाईं ओर की तरफ जाते हैं। स्वामी सोच में डूबे हुए, कुछ क्षणों के लिए इधर-उधर टहलते हैं। तब तिरुवरंगम पेरुमाल के पुजारी बाईं ओर से रागानुजर की ओर तेजी से आते हैं। रामानुजर उन्हें देखकर मुस्कुराते हैं...)

रामानुजर : पुजारी जी, इतनी जल्दी क्या है ?

पुजारी : *(उत्तेजित होकर)* नाथ, कल...

(शुरू हुई बात को खत्म नहीं कर पाते, लड़खड़ाते हैं)

(रामानुजर उनके कंधे पर हाथ रखकर मुस्कुराते हैं)

पुजारी : क्या सच है, स्वामी ?

रामानुजर : *(मुस्कुराते हुए)* भगवान मुझे अभी बुलाना नहीं चाहते। मंदिर पुजारियों का हत्या-प्रयत्न असफल हुआ।

(वे आँखें बंद करते हैं। अँधेरा... कुछ क्षणों के बाद मंच पर नीली रंग की रोशनी।

पिछले मंच में दाईं और से हाथ में भिक्षा-बर्तन लिये रामानुजर खड़े हैं। गाते हैं)

उन्मत्त हाथी जैसे शक्तिशाली सख्त कँधोवाले बंदगोपाल की बहू !
सुगंध भरे केशोंवाली ! दरवाजा खोलो।
मुर्गियाँ आवाज कर के बुला रही हैं। चबूतरे पर कोयल कई बार कूक कूक कर बुला रही हैं। गेंद के खेल में कृष्ण को हराकर गेंद को उँगलियों में पकड़ने वाली। तुम और कृष्ण एक दूसरे के साथ बात करते समय, तुम्हारे संग उसकी, निंदा करने के लिए हम भी चाहिए ? इसलिए चूड़ियाँ खनकाती हुई आओ, आकर लाल कमल से हाथों से खुशी का दरवाजा खोलो।

(उनका गाना खत्म होते ही एक औरत–मध्यायु की–उसके चेहरे पर अत्यंत दुख–हाथ में बर्तन लिये आती है।
रामानुजर मुस्कुराते हैं।
अन्न डालते समय, औरत के हाथ काँपते हैं। आँखें गीली हो जाती हैं...)

रामानुजर : क्यों दुःखी हो ! घर में क्या कुछ...?
(चुप्पी। आँखों से आँसू बहते हैं। औरत बोल नहीं पाती, झट से चली जाती है। बिना कुछ समझे रामानुजर उसकी दिशा में देखते हैं। हाथ में अन्न को देखते हैं। थोड़ा सा अन्न उठाकर सूँघते हैं, चेहरे पर पीड़ा, आँखें बंद करते हैं। तब पेरिय नम्बी वहाँ आते हैं। रामानुजर के पास आकर उनकी पीड़ा से आँखें बंद की हुई दशा को देखकर घबरा जाते हैं।)

पेरिय नम्बी : नाथ...ऐसे क्यों...? *(रामानुजर भिक्षा-पात्र उनको दिखाते हैं। पेरिय नम्बी कुछ समझे बिना रामानुजर को देखते हैं।)*

रामानुजर : विष मिलाया हुआ आहार। मेरी हत्या करने का पुजारियों का षड्यंत्र। इस घर की औरत से यह सहा नहीं गया। आँसुओ को साक्षी बनाकर अंदर चली गईं।

पेरिय नम्बी : *(परेशानी से)* यह षड्यंत्र क्यों ?

रामानुजर : उस दिन जब आपकी बेटी अत्तुजाइ ने अरंगन को बीच गली में रोक रक्खा था तब पुजारियों ने इस षड्यंत्र की बात सोची होगी। उस दिन ही मुझे संदेह हुआ था। अब निश्चित रूप से पता चल गया। मनुष्य जन्म मुझे बहुत अच्छा लगा है। इतनी आसानी से मैं मरना नहीं चाहता हूँ। *(मुस्कुराते हैं)*
(अँधेरा... रामानुजर और पुजारी जैसे थे, वैसे ही खड़े हैं।

रामानुजर आँखें खोलते हैं।)

पुजारी : आपकी हत्या करने का जिन पुजारियों ने प्रयत्न किया वे शहर छोड़कर भाग गए। अब समझ में आया क्यों।

रामानुजर : क्यों ?

पुजारी : चोर की दाढ़ी में...

रामानुजर : *(टोककर)* वे लोग उतने सभ्य नहीं हैं। उन्होंने मंदिर-संपत्ति को चुराया है। उसका प्रमाण मेरे पास है। उस पर हत्या का आरोप भी साथ हो तो क्या होगा, इस डर से ही वे भाग गए हैं। *(तब शिष्य 1, 2, उरंगाविल्ली, और पोन्नाची, चायें दाईं ओर से आते है। उरंगविल्ली और पोन्नाच्ची स्वामी के पैर छूकर प्रणाम करते हैं। रामानुजर उरंगविल्ली का उठाकर खड़ा करते हैं)*

रामानुजर : *(मुस्कुराते हुए)* छाता कहाँ है ?

उरंगाविल्ली : धूप अभी कुछ कम है।

पोन्नाच्ची : उनका मेरे लिए छाता पकड़कर आना मुझे पसंद नहीं, लेकिन वे मेरी सुनते ही नहीं, स्वामी।

रामानुजर : क्यों उनको रोका जाय ? प्रेम रोकने से नहीं रुकता। उरंगाविल्ली सुंदरता की आराधना करता है। है न ?

उरंगाविल्ली : हाँ।

रामानुजर : पोन्नाच्ची जितना सुंदर क्या तुमने किसी को भी नहीं पाया ?

उरंगविल्ली : नहीं...वैसी सुंदरता हो भी नहीं राकती।

रामानुजर : मेरे साथ आओ दिखाता हूँ। *(उरंगविल्ली पोन्नाच्ची को देखते हैं...)*

पोन्नाच्ची : जाइए...नाथ आपकी भलाई के लिए ही कहेंगे।

रामानुजर : तुम भी आओ...पुजारीजी, आप भी आइए। *(अँधेरा। कुछ क्षणों के बाद, मंच के पीछे वाले भाग पैर फैलाकर लेटे हुए अरंगन की छाया दिखती है। मंच के आगे वाले भाग में बीच के हिस्से में रामानुजर, उरंगाविल्ली, पोन्नाच्ची, पुजारी, उस छाया का दर्शन करने खड़े हैं।)*

रामानुजर : उधर देखो...अरंगन की आँखों को, कमल के फूल जितनी छोटे होते हुए भी समुद्र से भी गहरे हैं। उस प्रवाल जैसे लाल मुँह को गौर से देखो। वह नीला शरीर अहा...क्या दृश्य है। अद्भुत ! नीले सागर जैसे जल उठा हो, कमल-से आँखें, चेहरा, सुदर्शन समुद्र।

(रामानुजर पुजारी को देखते हैं। वे गाने लगते हैं। मंदिर की घण्टी बजती है।)

काले मेघ रंग वाले को, गोचर गोपाल जिसने माखन चुराकर खाया, मेरे मन को मोह लिया। विश्व के आभूषण को—श्रीरंगम के सुंदर अमृत को जिन आँखों ने देखा और किसी भी चीज को देखकर खुश नहीं होंगे।

(उरंगाविल्ली अपने आपको भूले हुए खड़े हैं। उनके हाथ पोन्नाच्ची के हाथ को कसकर पकड़ते हैं। पोन्नाच्ची की आँखों में आनंद के आँसू)

रामानुजर : भुवनसुंदर स्वयं विश्व बनकर खड़ा है।

(चुप्पी)

(आगे बोलते हुए) प्रेम करना आता हो तो विश्व सुंदर है।

(चुप्पी)

विश्व ही हम हैं, यह समझने पर भेदभाव के लिए जगह ही नहीं बनती। अब तो जो तुम्हारा विश्व संकीर्ण था क्या विशाल-सा दिखाई देता है। उरंगाविल्ली ?

उरंगाविल्ली : *(आँखें खोलकर)* हाँ ! स्वामी।

(उरंगाविल्ली स्वामी के पैर छूकर प्रणाम करने का प्रयत्न करते हैं। वे उन्हें रोक लेते हैं।

रामानुजर : अच्छा, आओ चलते हैं।

(अँधेरा। कुछ क्षणों के बाद रामानुजर उरंगाविल्ली के कंधे पर हाथ रखकर पिछले मंच की ओर से आते हैं। उनके पास में पुजारी पोन्नाच्ची, आगे में दाईं ओर से शिष्य 1, 2 आते हैं। रामानुजर और बाकी सब उनको देखते नहीं। वे बाईं ओर से बाहर जाते हैं।)

शिष्य 1 : यह क्या नाथ इस तरह...?

शिष्य 2 : हाँ, यही बात समझ में नहीं आती।

शिष्य 3 : स्नान करने के बाद क्या मखन जातिबाले के कंधे पर उनका हाथ होना चाहिए ?

शिष्य 2 : और एक बात पता है ?

शिष्य 1 : कावेरी में स्नान करने से पहले देखा है तुमने ?

शिष्य 2 : ब्राह्मण कूरेचर के कंधे पर हाथ !

शिष्य 1 : स्नान करने के बाद।

शिष्य 2 : मखन के कंधे पर हाथ।

शिष्य 1 : लगता है मंदिर जाकर आ रहे हैं।

शिष्य 2 : *(बाईं ओर देखकर)* वो देखो नाथ अकेले आ रहे हैं।

शिष्य 2 : इसके बारे में उन्हीं से पूछ लेते हैं।

शिष्य 2 : उन्हीं ने तो कहा है जो भी चाहो पूछ सकते हो।

शिष्य 2 : मन में कोई बाधा नहीं होनी चाहिए, यही तो उनका सिद्धांत है।

शिष्य 2 : प्रश्न ही ज्ञान का आरंभ है, यही तो उनका तत्त्व है ? *(नाथ आते हैं। शिष्य प्रणाम करते हैं। वे उनके कंधों पर हाथ रखकर मुस्कुराते हैं)*

शिष्य 2 : नाथ, एक संदेह है।

रामानुजर : हमारे तत्त्व दर्शन के बारे में ?

शिष्य 2 : नहीं। कावेरी में स्नान करने से पहले ब्राह्मण कूरेचर के कंधे पर आपका हाथ।

शिष्य 1 : स्नान करके शुद्ध होने पर, मखन उरंगाविल्ली पर आपका हाथ।

शिष्य 1, 2 : यही हमारी समझ में नहीं आया।

रामानुजर : *(मुस्कुराते हुए)* मैं समझा, तुम लोगों को हमारा तत्त्व दर्शन भी समझ में नहीं आया।

शिष्य 1 : तत्त्व दर्शन समझे। स्वामी...चित्त, अचित्त ईश्वर...

रामानुजर : *(टोककर)* बस...आप समझे नहीं कि जीवन और तत्त्व अलग नहीं है। अब समय नहीं है। बाद में समझाऊँगा...
(चले जाते हैं। वे जिस दिशा में गए, शिष्य उस तरफ देखते रहते हैं। अंधेरा...कुछ क्षणों के बाद, रोशनी आने पर इसके पहले दृश्य में आए शिष्य 1, 2 हाथ में फटी हुई धोती लिए गुस्से में खड़े हैं।)

शिष्य 1 : यह कैसा अत्याचार है, किसने इस धोती को फाड़ डाला ?

शिष्य 2 : अगर पता चले कि वह कौन है तो उसे छोड़ेगे नहीं।

शिष्य 1 : धूर्त।

शिष्य 2 : नालायक।

शिष्य 1 : ईर्ष्यालु।

शिष्य 2 : नई धोती...

शिष्य 1 : इस घाटे को कौन भरेगा ?
(नाथ तब बाईं ओर से आते हैं।)

शिष्य 1, 2 : *(क्रोध से)* हमारी धोतियाँ...

रामानुजर : *(बात काटते हुए)* सुनते ही आ रहा था। आपके गुस्से को समझता हूँ। उसके बारे में बाद में सोचेंगे, अच्छा मेरे लिए आपको एक चीज करनी होगी।

शिष्य 1 : *(कुछ निराश होकर)* क्या ?

(चुप्पी)

शिष्य 2 : बोलिए।

रामानुजर : आज रात को तुम दोनों उरंगाविल्ली के घर जाकर... *(रुकते हैं) (चुप्पी)*

शिष्य 2 : जाकर...?

रामानुजर : पोन्नाच्ची के सोते समय उसके पहने हुए गहने को चुरा कर लाना होगा...

शिष्य 1, 2 : *(चौंककर)* चुराना होगा ? आप क्या कह रहे हैं, नाथ...

रामानुजर : नहीं समझे ?

शिष्य 1, 2 : उरंगाविल्ली...?

रामानुजर : क्या उससे खतरा है ? डरिए मत, वह अंगरक्षक काम पर गया है। आज रात को ही वापस आएगा। उसके अंदर आप दोनों जाकर...

शिष्य 1, 2 : क्यों चुराना होगा ?

रामानुजर : अगर न चाहते हो तो...?

शिष्य 1, 2 : करते हैं...

(अँधेरा)

(कुछ क्षणों के बाद हल्की-सी रोशनी। पोन्नाच्ची मंच के बीच में एक तरफ को लेटी है। सो रही है। कुछ क्षणों के बाद पिछले मंच की बाईं ओर से कदम पर कदम बढ़ाते शिष्य 1, 2 आते हैं।)

शिष्य 1 : *(नीचे स्वर में)* सो रही है...

शिष्य 2 : *(पिछले मंच के बाईं ओर कोने में खड़े होकर नीचे स्वर में)* अच्छा—मैं यहाँ से कोई आ रहा है या नहीं, देखता रहता हूँ। तुम जाकर...

शिष्य 1 : *(ऊबकर)* कैसी मुसीबत में पड़ गए...।

शिष्य 2 : सावधान...उसको जगाओ मत...

(पोन्नाच्ची के मुखभाव से पता चलता है कि उसको इनका आना, बात करना सब पता चल गया है। लेकिन, वह बिना हिले हुए लेटी रहती है।)

शिष्य 1 उसके पास जाकर उसके हाथ से बड़ी सावधानी से चूड़ियाँ उतराते हैं। शिष्य 2 बाहर के बरामदे को देखता हुआ खड़ा है।

पोन्नाच्ची धीरे से दूसरी ओर करवट बदलती है।

शिष्य 1 डर कर भागता है। शिष्य 2 उसको भागते देखकर खुद भी भागता है। पोन्नाच्ची उठकर बैठ जाती है। मुस्कुराती है। अँधेरा।

हल्की-सी रोशनी होने पर दोनों शिष्य लेटे हुए स्वामी के सामने भाग कर आते हैं। उनको भागकर आता हुआ देखकर स्वामी उठकर बैठते हैं...)

शिष्य 1 : चुरा लिया।

रामानुजर : पूरी तरह बताओ।

शिष्य 2 : मैंने चौकीदारी की। इसने चुराया। उसने दूसरी ओर करवट बदली। हम भाग आए।

रामानुजर : जल्दी ही दुबारा जाकर वहाँ क्या हो रहा है यह देखकर बताओ।

शिष्य 1, 2 : दुबारा ? *(झिझकते हुए)*

रामानुजर : हाँ *(कड़े स्वर में)*

(स्वामी उनसे और कोई उत्तर की प्रतीक्षा किए बिना लेट जाते हैं। शिष्य झिझकते हुए देखते हैं।

अँधेरा। हल्की सी रोशनी होने पर, पिछले मंच की बाईं ओर शिष्य।

मंच के बीच में उरंगाविल्ली और पोन्नाच्ची। उरंगाविल्ली क्रोधित दिखाई देते हैं।)

उरंगाविल्ली : *(गुस्से में)* फिर से तुमने मुड़कर देखा ?

पोन्नाच्ची : बस इसलिए कि दूसरे हाथ की चूड़ियाँ भी दे दूँ। बेचारे, गरीब...

उरंगाविल्ली : *(बात काटते हुए)* ये मेरी चूड़ियाँ हैं। किसी दूसरे को दे रही हूँ, यह मेरी हैं, तेरे इस अहंकार के कारण वे डर के मारे भाग गए।

पोन्नाच्ची : क्या कह रहे हैं आप ?

उरंगाविल्ली : तेरे घमण्ड ने ही उन्हें भगा दिया।

पोन्नाच्ची : *(दुख से)* गलती मेरी ही है, स्वामी ! नम्रता सीखी नहीं जा सकती। स्वाभाविक होती है।

(शिष्य दोनों जाते हैं। अँधेरा। सुबह की रोशनी आ रही है।)
(रामानुजर मंच के आगे वाले भाग की बाईं ओर से आते हैं। उनके साथ पुजारी। मंच के आगे वाले भाग की दाईं ओर से शिष्य भागकर आते हैं, उनके पैरों को कसकर पकड़ लेते हैं। उनके चेहरे पर अपराध का भाव कि उन्होने गलती की थी।)

रामानुजर : क्या हुआ, उठिए ?

शिष्य : *(एक स्वर में)*, कल रात को ही मिलने का प्रयत्न किया। आप सो गए थे।

रामानुजर : क्या बात है ?

शिष्य 1 : कल रात जब हम उरंगाविल्ली के घर गए, वो पोन्नाच्ची पर गुस्सा कर रहे थे।

शिष्य 2 : उन्होंने कहा कि 'यह मेरी चीज है, दे रही हूँ', उसके इस घमण्ड के कारण पोन्नाच्ची की करवट बदलने ने ही हमें भगा दिया।

शिष्य 1 : कितने महान इन्सान हैं वे।

रामानुजर : *(व्यंग्य भरे स्वर में)* मखन !

शिष्य 2 : हमें क्षमा कीजिए। स्वामी !

रामानुजर : *(व्यंग्य भरी आवाज में)* तुम लोग ?
(शिष्य 1, 2 सर झुकाकर खड़े हैं।)

रामानुजर : *(व्यंग्य)* मखन के कंधे पर, मेरा स्नान करने के बाद, शुद्ध होने के बाद, हाथ रखकर आना गलत है। *(चुप्पी)*
आप दोनों जो पवित्र ब्राह्मण हैं, एक मामूली धोती के फाड़ने वाले पर कितने क्रोधित हुए ? *(चुप्पी)*
(मुस्कुराते हुए) धोती को फाड़ने वाला धूर्त, नालायक, ईर्ष्यालु ! *(चुप्पी)*
ब्रह्मम् को समझने वाले, एक धोती के फटने पर चिल्ला रहे हैं। श्राप दे रहे हैं...लेकिन एक मखन, बिना किसी घमण्ड के, 'सोने के गहने तुमने क्यों नहीं दिए', कहकर अपनी पत्नी को डाँट रहा है। कम से कम अब तो पता चला कि कौन ब्रह्मम् को समझने वाला है ? *(चुप्पी)* वैष्णव समाज में कोई ब्राह्मण नहीं। कोई मखन नहीं...कम से कम अब तो समझे ?
(तब उरंगाविल्ली और पोन्नाच्ची वहाँ आते हैं। शिष्य उरंगाविल्ली के पैर पड़कर उसको प्रणाम करते हैं। वे चौंककर,

रामानुजर को देखते हैं। रामानुजर मुस्कुराते हैं। पुजारी गाते हैं...)

श्रीरंगम के अरंगा ! चार वेदों के छह अंगों की मंत्रणा करके, भक्तों में उच्च जाति का ब्राह्मण होने पर भी, यदि बाकी भक्तों का अपमान करें, मेरे लिए वह चण्डाल की तरह हैं।

(अँधेरा...)

दृश्य–5

(पर्दा हटने पर, कुछ क्षणों के लिए अँधेरा। रोशनी आने पर, रामानुजर, किटंबी आच्चान, कूरेचर, मुदलियांडान और दो शिष्य मंच के आगे वाले भाग की बाईं ओर से मंच पर आते हैं। नेपथ्य में 'तिरुमंगै मन्नर' (तिरुमंगै राजा) स्तुति गीत की ध्वनि तेज होती जा रही है।

संगीत को सुनकर अपने आप को भूली हुई स्थिति में रामानुजर और बाकी सब धीरे-धीरे चलते जा रहे हैं। सुबह का समय।)

संगीत :

मेरा हृदय ! सर्वोत्तम तपस्वी मानव के हृदय में
सदा बसे हुए मेरे भगवान।
सारे विश्व में फैला अखिल-धुआँ
ऊँचे वेंकटगिरी में बसे वामन।
पेरुमाल को देवताओं की तरह तुम सेवा में समर्पित हो।
कितनी खुशी की बात है।

रामानुजर : वो देखो...'दिखता है बादल में अखिल-धुआँ'। यही तिरुवेंकटम् है, हमें बताने वाली निशानी ! आलवारों के पुण्य पैर जिस पर पड़े, यही है, वैकुण्ठ। हमारे शिष्य यज्ञेसन और वरदन यहीं अष्टसहस्रम में है। पहले वरदन के घर चलते हैं।

(वे मंच के दो-चार चक्कर लगाते हैं। तीसरी बार आने पर मंच के आगे वाले भाग की बाईं ओर, कुछ देर रुकते हैं। तब किटंबी आच्चान पिछले मंच की दाईं ओर से सिर पर हाथ रखकर देखते हैं।)

किटंबी आच्चान : वहाँ एक छोटी सी कुटिया। शायद वरदन–

रामानुजर : हो सकता है, आइए चलते हैं।

(वे उस हिस्से की ओर जाते हैं। उस जगह से कुछ दूर रुकते हैं।)

(मृदु स्वर में)

किटंबी आच्चान : स्वामी ! *(चुप्पी)*

कूरेचर : कोई नहीं है क्या ?

(थोड़ा झाँकते हुए)

किटंबी आच्चान : लगता है कि कोई है, स्वामी !

महिला की आवाज : कौन चाहिए ?

किटंबी आच्चान : स्वामी और उसके शिष्य आ रहे हैं। वरदन घर पर नहीं हैं क्या ?

महिला की आवाज : *(बड़ी खुशी से)* आइए, आइए। वरदन घर पर नहीं हैं। लेकिन इसके कारण आप वापस मत जाइए। स्वामी ! आपको अंदर आकर हमारा गौरव बढ़ाना होगा। लेकिन... *(झिझक)*

रामानुजर : बोलो, झिझको मत।

महिला की आवाज : मैं आपके शिष्य की पत्नी हूँ

रामानुजर : परुत्तिक्कोल्लै नाम है, पता है।

महिला की आवाज : *(आश्चर्य से)* क्या कुछ भी ऐसा नहीं जो स्वामी को न पता हो ?

रामानुजर : वरदन की गरीबी के बारे में भी जानता हूँ। आगे बोलो...

परुत्तिक्कोल्लै : फटे हुए वस्त्र पहने आपसे मिलने को... *(झिझकती है)*

(रामानुजर अपने ऊपर के वस्त्र को अंदर फेंकते हैं)

रामानुजर : इसे पहनकर हमसे मिल सकती हो।

(कुछ क्षणों के बाद वह बाहर आती है। बहुत सुंदर औरत है। वह स्वामी और बाकी सब को प्रणाम करती है।)

परुत्तिक्कोल्लै : मेरी नाजुक स्थिति को समझकर, मेरी सहायता करने के लिए मैं कैसे धन्यवाद कहूँ ?

रामानुजर : वरदन जन्म से ब्राह्मण, सिद्धांत में वैष्णव है। यह लड़की जन्म से ब्राह्मण नहीं है। सिद्धांत से वैष्णव है। बस यही इन दोनों के विवाह के लिए अच्छा कारण है। *(मुस्कुराते हुए)* है न, बेटी ?

(उस औरत का चेहरा शर्म से लाल होता है।)

रामानुजर : इनके विवाह की कोमलता को आप सब को भी जानना चाहिए। आज इनके घर ही हम भोजन करेंगे।

परुत्तिक्कोल्लै : *(बड़ी खुशी से)* स्वामी, यह मेरा सौभाग्य है।

रामानुजर : अच्छा, हम स्नान करके आते हैं। तब तक वरदन भी आ जाएगा न ? आइए चलते हैं।

(वे चले जाते हैं। उनके जाने के बाद परुत्तिक्कोल्लै के चेहरे पर चिंता की रेखाएँ उभरती हैं। बाकी सब जगह अँधेरा। उस पर रोशनी का घेरा। वह सोच में डूब जाती है।)

परुत्तिक्कोल्लै : घर में चावल का एक भी दाना नहीं है। भिक्षा माँगने के लिए गया मेरा पति जो लाएगा वो हम दोनों के लिए ही कम होगा। लेकिन जब स्वामी ने कहा कि भोजन के लिए आएँगे तो और क्या किया जा सकता था !...क्या किया जाए ? *(चुप्पी...)*

(अचानक जैसे एक उपाय सूझा हो, क्षण भर के लिए खुशी। उसके बाद दुःख का भाव)

क्या वैसा करना ठीक है ? प्यार का संबंध शरीर से है या हृदय से। यदि मेरे पति मुझे समझें तो बाकी सब के बारे में मैं क्यों चिंता करूँ ?

अच्छा, वैसे ही करना होगा।

(अँधेरा। कुछ क्षणों के बाद रोशनी होने पर पिछले मंच के बीच में एक मध्यायु का व्यापारी। एक गद्दे पर अधलेटा है। रेशम की चटाई। उसके गले में सोने की मोटी माला, अँगूठियाँ चमक रही हैं। रेशम का पीला वस्त्र। उस पर रोशनी का घेरा। बाकी जगह अँधेरा। वह सोच में डूबा है।)

व्यापारी : धन होने से क्या फायदा ? उसने मेरी ओर नजर उठाकर भी देखने से इनकार कर दिया। भिक्षा माँगने वाला एक गरीब ब्राह्मण काफी है, कहती है ! मुझे नापसंद करके बेसहारे ब्राह्मण का हाथ थाम लिया। ब्राह्मण का सौभाग्य ! उसके लिए श्रीदेवी। बस उसकी बड़ी बहन मेरे लिए...। *(आह)*

(ऐसा सोचते हुए सिर मोड़कर अंदर देखता है ! फिर आँखें बंद करता है। अँधेरा... कुछ क्षणों के बाद रोशनी होने पर मंच के आगे वाले भाग की बाईं ओर परुत्तिक्कोल्लै खड़ी है। सोते हुए व्यापारी को कुछ देर देखती है)

परुत्तिक्कोल्लै : श्रीमान... *(व्यापारी आँखों को आधा खोलकर देखता है। परुतिक्कोल्लै को देखकर चौंकता है। उठकर आँखें मलकर फिर से उसे देखता है।)*

व्यापारी : क्या मैं सपना देख रहा हूँ ? *(फिर से आँखें मलता है। उठ खड़ा होता है।)*

परुत्तिक्कोल्लै : सपना नहीं, सच है।

व्यापारी : *(उसके पास जाकर)* तुम कैसे...यहाँ ?

परुत्तिक्कोल्लै : मैं भिक्षा माँगने आई हूँ।

(व्यापारी चौंक जाता है। ऐसे देखता है मानो पूछ रहा हो कि 'यह कह क्या रही है')

व्यापारी : तुम ?...भिक्षा ? मैं कुछ समझा नहीं।

परुत्तिक्कोल्लै : मुझको रसोई का सामान चाहिए। अचानक मेहमान आए हैं।

(व्यापारी चुप है)

परुत्तिक्कोल्लै : कृपया दया कीजिए।

व्यापारी : *(मुस्कुराते हुए)* इसका मूल्य जानती हो ?

परुत्तिक्कोल्लै : जानती हूँ।

(व्यापारी चौंक जाता है। कुछ क्षणों तक चुप्पी)

परुत्तिक्कोल्लै : पहले सामान दीजिए। अतिथि सत्कार करके, फिर आकर कर्ज चुकाऊँगी।

व्यापारी : तुम्हारा पति, वह ब्राह्मण...

परुत्तिक्कोल्लै : वे समझ सकेंगे।

व्यापारी : कैसे विश्वास करूँ ?

परुत्तिक्कोल्लै : बस विश्वास। मुझे और कुछ कहना नहीं आता।

व्यापारी : *(उसके हाथों को पकड़कर)* अच्छा...सामान को दुकानवाले के साथ तुम्हारे घर भेज दूँगा *(विनती करते हुए)* मुझे धोखा मत देना।

परुत्तिक्कोल्लै : परुत्तिक्कोल्लै वचन नहीं तोड़ेगी।

(अँधेरा...कुछ क्षणो के बाद रोशनी आने पर, पिछले मंच की दाईं ओर के पास, रामानुजर, कूरेचर, किटंबी आच्चान, मदलियांडान, शिष्य भोजन करके गीले हाथ पोंछते हुए खड़े हैं। परुत्तिक्कोल्लै और वरदन के चेहरे खुशी से भरे हैं)

किटंबी आच्चान : वरदन, तुम्हारे लिए ही मेरी प्रशंसा। दैव कृपा से तुमको इतनी अच्छी पत्नी मिली है, तुम्हें गर्व होना चाहिए।

(वरदन अपनी पत्नी को गर्व से देखते हैं।)

कूरेचर : अम्मा...किटंबी आच्चान के हाथ का कमाल भी तो आपको चखना होगा ? तिरुवरंगम को आप दोनों को अवश्य आना होगा।

किटंबी आच्चान : किटंबी आच्चान के हाथ का बनाया खाना ? इस आहार के सामने वह क्या है। मैं तो यही प्रार्थना कर रहा हूँ कि कहीं स्वामी मेरी नौकरी समाप्त करके मुझे निकाल न दें।
(सब हँस पड़ते हैं।)

रामानुजर : अच्छा...हम चलते हैं। हम वेंकटेश्वर का दर्शन करके तिरुवरंगम लौटते हैं।
(वे मंच के आगे वाले भाग की बाईं ओर से बाहर जाते हैं।
उनको भेजकर वरदन अपनी पत्नी के पास आकर खड़े होते हैं। कुछ क्षणों तक चुप्पी।)

परुत्तिक्कोल्लै : चुप क्यों हैं आप ?

वरदन : मैं कुछ भी समझा नहीं। तुमने कैसे खाना बनाया ? घर में चावल का एक भी दाना नहीं है ? क्या स्वामी ने सामान लाकर दिया ?

परुत्तिक्कोल्लै : अंदर आइए बताती हूँ
(वे अंदर जाते हैं। अँधेरा। रोशनी आने पर, व्यापारी मंच पर इधर-उधर टहल रहा है। उसके चेहरे पर गुस्सा दिखाई देता है।)

व्यापारी : *(इधर-उधर टहलते हुए गुस्से में)* लगता है उसने धोखा दे दिया।
(चुप्पी। टहलता है)
सामान को...बाद में...देना चाहिए था। मैं बुद्धू हूँ।
(तब वरदन और परुत्तिक्कोल्लै मंच के आगे वाले भाग की बाईं ओर से आते हैं। टहलता हुआ व्यापारी दोनों को देखकर चौंक उठता है। वे अंदर आते हैं।)

वरदन : स्वामी मुझे ऋण चुकाना है। सामान का मूल्य लाया हूँ। लीजिए।

व्यापारी : *(आश्चर्य से)* क्या कह रहे हैं आप ?

वरदन : इसके शरीर को ही आप मूल्य के रूप में ले सकते हैं। इसके हृदय को नहीं। वह पहले ही मेरा हो चुका है। अँधेरे में शव से संभोग करने की तरह आप इससे संभोग कर सकते हैं। मुझे कोई गिला नहीं है।
(व्यापारी आश्चर्यचकित बिना हिले खड़ा है।)

परुत्तिक्कोल्लै : रामानुजर को हमने भोजन दिया। इसके लिए आपने हमारी

सहायता की। भोजन देने के सौभाग्य के लिए हम जो मूल्य दे रहे हैं बहुत ही तुच्छ है। यह शरीर ही तो आपको चाहिए ? ले लीजिए।

(वह व्यापारी की ओर बढ़ती है। व्यापारी पिछले मंच पर जाकर बीच में, उनकी ओर पीठ करके खड़ा होता है।)

वरदन : *(जाने का प्रयत्न करते हैं)* अच्छा, मैं जाता हूँ।

व्यापारी : *(भारी स्वर में)* इनको भी साथ ले जाइए। कृपया चले जाइए।

(अँधेरा... कुछ क्षणों के बाद रोशनी होने पर रामानुजर और एक शिष्य खड़े हैं)

शिष्य : ...यही हुआ। व्यापारी ने वरदन और उसकी पत्नी को वापस भेज दिया। क्या भगवान उस धूर्त को क्षमा करेंगे ?

(रामानुजर चुप हैं।)

रामानुजर : *(कुछ क्षणों के बाद)* उसको मेरे पास बुलाओ।

शिष्य : किसे ? वरदन को ?

रामानुजर : नहीं। उस व्यापारी को।

शिष्य : *(चौंककर)* व्यापारी को ?

रामानुजर : मूल रूप से वह भद्र है। वह सच्चे वैष्णव बनने के योग्य है।

(अँधेरा...)

दृश्य–6

(मंच के बीच के हिस्से में रोशनी पिछले भाग के बीच में आसन पर रामानुजर बैठे हैं और उनके पास कूरेचर और आँडालजी बैठे हैं, यह उनकी छाया से पता चलता है। मंच के आगे वाले भाग के प्रकाशित हिस्से में दो शिष्य बात कर रहे हैं।)

शिष्य 1 : बहुत देर से, स्वामी बोल रहे हैं, कूरेचर लिख रहे हैं। अब कौन जाकर कहे कि भोजन का समय हो गया है ?

शिष्य 2 : ब्रह्मसूत्रों का व्याख्यान लिखते समय भूख की सुधि कहाँ रहती है !

शिष्य 1 : हमारे पेट को तो खाना चाहिए न ? स्वामी के खाए बिना हम कैसे खाएँ ?

शिष्य 2 : आँडाल जी भी वहाँ बैठी हैं ?

शिष्य 1 : क्यों ?

शिष्य 2 : पूछ रहे हो क्यों ? सभी शास्त्रों का उन्हें पूरा ज्ञान है।

शिष्य 2 : अच्छा ?

शिष्य 1 : सिर्फ यही नहीं...यदि स्वामी से उनके विचार अलग हों, तो दोनों को ही कहने का अधिकार है। लिखना आरंभ करने से पहले ही कूरेचर ने कहा था कि 'यदि कहीं पर भी आपने जो कहा, उससे मेरे विचार भिन्न हों, तो लिखना रोक दूँगा'।

शिष्य 2 : ऐसा कूरेचर कैसे कह सकते हैं।

शिष्य 1 : क्यों, तुम भी वैसा कह सकते हो...स्वामी ने वह अधिकार सबको दिया है। लेकिन...

शिष्य 2 : लेकिन ?...

शिष्य 1 : हम कहेंगे नहीं। क्योंकि...

शिष्य 2 : क्योंकि ?

शिष्य 1 : हमें खुद पता है कि हमारा ज्ञान कितना है...

(दोनों हँसते हुए आगे वाले मंच की बाईं ओर से बाहर जाते हैं। सारे मंच में रोशनी। रामानुजर बोल रहे हैं। कूरेचर लिख रहे हैं।)

रामानुजर : चित्त (अर्थात् आत्मा), अचित्त (यानि, शरीर) ईश्वर के गुण हैं। जैसे एक फूल की सुगंध और उसके रंग हैं। जैसे समुद्र की लहर और लहर में दिखती पानी की बूँदें। जब उपनिषद कहते हैं कि 'नेति, नेति, नेति' तो वे यही कहते हैं कि ब्रह्मम् केवल इन गुणों से नहीं है न कि ये कहते हैं कि ब्रह्मम् के गुण ही नहीं हैं। इसलिए 'निर्गुण ब्रह्मम्' के विचार को स्वीकार नहीं किया जा सकता। यदि यह कहा जाए कि एक मिट्टी का घड़ा मिट्टी की छवि का मोह है तो इसका यही अर्थ है कि मिट्टी के बिना घड़े का अस्तित्व नहीं है। यदि विश्व ही माया है तो इसका यही अर्थ है कि भगवान के बिना विश्व का कोई अस्तित्व नहीं। इसलिए मायावाद को स्वीकार नहीं किया जा सकता। हालाँकि चित्त, अचित्त और ईश्वर, तीनों मूल रूप से एक हैं, फिर भी ईश्वर के गुण होने के नाते चित्त और अचित्त का अस्तित्व है। ईश्वर स्वयं ही अर्थों का अंतिम लक्ष्य है। जीवन, उसकी ओर एक यात्रा है। चित्त (अर्थात्) आत्मा को सब कुछ समझने का गुण है। आत्मा,

स्वयं से आने वाली चेतना है।

(जब रामानुजर यह कहते हैं, कूरेचर लिखते हुए रुक जाते हैं। आँडाल उन्हें देखती है, मुस्कुराती है। लेकिन बोलती नहीं। रामानुजर कूरेचर पर ध्यान नहीं देते और बोलते जाते हैं।)

रामानुजर : शरीर केवल जड़ वस्तु है। यदि कहते हैं कि 'मैं इसे देखता हूँ' तो देखी गई चीज, 'देखे जाने' की क्रिया से देखी गई वस्तु के गुण को बढ़ाती है। यहाँ देखने वाला शरीर नहीं, आत्मा के साथ एक होने की स्थिति का शरीर पर हुआ असर है। ज्ञान का स्वभाव है वस्तुओं को अपने अनुभव का लक्ष्य बनाना। अंतर्दृष्टि और लक्ष्य के बीच ज्ञान के संबंध से ही हम वस्तुओं को देखते हैं, महसूस करते हैं, उनका अनुभव करते हैं।

(तभी रामानुजर के ध्यान में आता है कि कूरेचर लिख नहीं रहे हैं)

रामानुजर : *(थोड़े आश्चर्य से)* क्यों लिख नहीं रहे हैं आप ?

आँडाल : फैसले के अनुसार।

रामानुजर : कौन-सा फैसला ?

आँडाल : कि आपके विचार से सहमत न हों तो

रामानुजर : *(थोड़े चिढ़ने लगते हैं)* कौन-सा विचार ?

कूरेचर : मैंने जो अंतिम वाक्य लिखा, उसे पढ़ूँ ?

रामानुजर : पढ़ने से...?

कूरेचर : तब आपको पता चलेगा कि उसके बाद आपने कौन-सी बात कही जिससे मैं सहमत नहीं हूँ।

रामानुजर : (थोड़े गुस्से में) यह क्या पहेली है ? जो कहना हो, सीधे कहिए। कौन-सा विचार ? *(यह पूछकर रामानुजर अचानक उठ खड़े होते हैं।)*

रामानुजर : ठीक है...अब आपको लिखना नहीं होगा।

(रामानुजर चले जाते हैं।)

आँडाल : आप उनसे सीधे पूछ सकते थे न ?

कूरेचर : विचार उनको जानना था। इस बात पर मैं समझौता नहीं कर सकता।

(तब शिष्य 1 वहाँ जाते हैं।)

शिष्य 1 : स्वामी आप दोनों को खाने के लिए बुला रहे हैं।

कूरेचर : स्वामी जिस हिस्से को अभी बोल रहे हैं, उसे समाप्त किए

बिना मुझे खाना नहीं खाना है।

(शिष्य 1 अंदर जाते हैं। उसके जाने के कुछ क्षण बाद रामानुजर आते हैं।)

रामानुजर : *(मुस्कुराते हुए)* खाने का इसके साथ क्या संबंध ?

कूरेचर : मेरे लिए पेट पूजा का समय अभी तक आया नहीं।

(रामानुजर अपनी बैठक पर बैठते हैं। कुछ क्षणों तक चुप्पी...)

रामानुजर : *(मुस्कुराते हुए)* आँडाल जी, आप ही बताइए ? मैंने क्या ग़लती की ?

आँडाल : पहेली में कहने की अनुमति चाहिए।

रामानुजर : बोलिए।

आँडाल : शव के गर्भ में
यदि शिशु जन्म ले
तो क्या खाएगा
कहाँ रहेगा ?

(रामानुजर हँस पड़ते हैं। कुछ क्षणों के बाद चेहरा खिल उठता है। उठते हैं। कूरेचर को उठाकर, आलिंगन करते हैं)

रामानुजर : गलती मेरी ही है, क्षमा कीजिए।

कूरेचर : आप भी मुझे क्षमा कीजिए। बहुत कड़ी बात की मैंने।

रामानुजर : आत्मा को सब कुछ समझने का गुण है जो मैंने कहा, गलत है। जब ईश्वर से संबंध के बिना आत्मा का अपना अस्तित्व नहीं है तो 'आत्मा स्वयं से आने वाली चेतना' जो मैंने कहा, गलत है। विचार एक दूसरे के विपरीत हैं, ठीक है न, आँडाल जी ?

(वह मुस्कुराती है)

रामानुजर : ठीक...अब...

आँडाल : पेट के लिए खाना, स्वामी को भूख से तड़पाने का पाप कहीं हमारे सिर पर न चढ़ जाए।

रामानुजर : आपको भूखा रखने का पाप भी मेरे सिर पर नहीं आना चाहिए न ?

(मंच पर अँधेरा हो जाता है)

(स्नान करके, भीगे कपड़ें में, पिछले मंच की बाईं ओर से आते हैं उम्र अधिक होने से भी, रामानुजर का शरीर दृढ़ है। वे शिष्य के हाथ में सफेद वस्त्र देखते हैं।)

रामानुजर : यह किसके लिए ? मेरे वस्त्र कहाँ हैं ?

शिष्य 1 : आपके लिए। राजा के हुक्म के कारण आपको कैदी बनाने पहरेदार आए थे।
(रामानुजर घबरा जाते हैं)

शिष्य 2 : कूरेचर आपके केसरिया वस्त्र पहनकर और यह कहकर कि वे ही रामानुजर हैं, उनके साथ चले गए। उन्होंने आपको सफेद वस्त्र पहनने को कहा।
(रामानुजर घबराए हुए खड़े हैं)

शिष्य 1 : उन्होंने आपसे कहने को कहा कि आप रास्ते से बचकर चोल देश को ही छोड़कर चले जाएँ।
(तब किटंबी आच्चान, मुदलियांडान और आँडाल जी वहाँ आते हैं।)

किटंबी आच्चान : जैसा कूरेचर ने कहा, आपके बचकर भाग जाने में ही वैष्णव धर्म का भविष्य है। और देर नहीं करनी चाहिए।

आँडाल : जाते समय उन्होंने मुझसे कहा कि आप अवश्य बचकर चले जाएँ।

किटंबी आच्चान : मैं यात्रा की तैयारी करता हूँ।

रामानुजर : पेरिय नम्बी किधर हैं ?

शिष्य 1 : वे भी कूरेचर के साथ गए हैं।

रामानुजर : इस बुढ़ापे में वे साहस के साथ गए हैं, और मुझे बचकर जाना चाहिए ?

आँडाल : आप केवल एक इनसान नहीं है। आप एक संस्था हैं।

रामानुजर : मेरी समझ में कुछ नहीं आ रहा है। वे मुझे क्यों कैद करने आए ?

आँडाल : जब कूरेचर ने नालूरान को शिष्य के रूप में स्वीकार किया, तभी मुझे संदेह हुआ था कि यह कोई षड्यंत्र है। उनसे मैंने कहा। लेकिन उन्होंने मेरी बात नहीं सुनी।

मुदलियांडान : देर हो रही है, हम चलें ?

रामानुजर : आँडाल जी, मठ की देखभाल कीजिए। यदि चोल देश को छोड़कर जाना है तो उत्तर-पश्चिम ही जाना होगा। *(चुप्पी)* मुझे लगता है यह अवश्य हमसे घृणा करने वाले ब्राह्मणों का षड्यंत्र होगा। *(चुप्पी)* ठीक है, यह अरंगन की आज्ञा है। जो होना है होने दो। कावेरी को पार करके उत्तर-पश्चिम में नीलगिरी जाएँगे। वहाँ हमारे (अच्छे भले) नल्लान चक्रवर्ती हैं। पता है उनका यह नाम क्यों है ?

मुदलियांडान : चलें, स्वामी।

रामानुजर : उन्होंने एक पंचमर के लिए अंतिम क्रिया की। उस जगह के ब्राह्मणों ने उन्हें जाति से बहिष्कृत कर दिया। लेकिन तब भगवान ने ऐसा कहा। आप शहर के लिए बुरे हैं, मेरे लिए भले हैं। हम उस भले मनुष्य के पास जाएँगे चलिए। अरंगन कूरेचर और पेरिय नम्बी की रक्षा करेंगे।

(वे शिष्य से सफेद वस्त्र लेकर पिछले मंच की दाईं ओर से बाहर जाते हैं...)

किटंबी आच्चान : आँडाल जी...मुझे विश्वास है कि अरंगन की कृपा से किसी भी तरह हमारा संबंध बना रहेगा। किसी को भेजकर हम इस बात की जानकारी प्राप्त कर लेंगे कि कूरेचर और पेरिय नम्बी के साथ क्या हुआ। ओम नमो नारायणाय।

दृश्य–7

(कुछ क्षणों के बाद रोशनी आने पर, पिछले मंच के बीच में सजे हुए आसन में चोल राजा शान से बैठे हैं, उनके पास नालूरान।

कुछ दूर हठकर, दोनों तरफ वैष्णव ब्राह्मण, शैव। उनके सामने केसरिया वस्त्र में कूरेचर, पेरिय नम्बी, उनके चारों ओर पहरेदार।

सुबह...)

नालूरान : चक्रवर्ती, गलत आदमी आ गया। छल हुआ है।

राजा : मैं समझा नहीं।

नालूरान : मैंने रामानुजर को लाने का हुक्म दिया। हमारे बुद्धू पहरेदार इनको ले आए हैं।

कूरेचर : मैंने उनसे कहा कि मैं ही रामानुजर हूँ। वे ले आए हैं।

नालूरान : *(व्यंग्य से)* रामानुजर के भक्त को झूठ बोलना चाहिए ?

ब्राह्मण 1 : रामानुजर के भक्त ही झूठ बोलते हैं, सच्चा वैष्णव झूठ नहीं बोलता।

कूरेचर : सच्चा वैष्णव आपके और नालूरान जैसा हो तो श्रीमद नारायण भी विश्वास खो बैठेंगे कि क्या मनुष्य का उद्धार करना चाहिए।

ब्राह्मण 2 : *(क्रोध में)* चक्रवर्ती, ये हमारा अपमान कर रहे हैं।

राजा : यह क्या न्याय है कि आप यह कहकर आ गए कि आप ही रामानुजर हैं ? आप कौन हैं ?

कूरेचर : तमिल परंपरा कहती है कि यदि बुराई समाप्त हो और फल अच्छा हो तो झूठ बोल सकते हैं। मेरा नाम कूरेचर है।

राजा : रामानुजर कहाँ हैं ?

कूरेचर : वे चोल देश में नहीं हैं।

नालूरान : *(क्रोध में)* भाग गए क्या ?

कूरेचर : तो क्या आप यह कहना चाह रहे हैं कि उनको यहाँ आकर पता लगाना चाहिए था कि चोल देश में कितने कृतघ्न लोग हैं ?

नालूरान : राजा, ये आपको नीचा दिखा रहे हैं। कहते हैं यहाँ के सभी लोग कृतघ्न हैं।

राजा : रामानुजर कहाँ गए हैं ?

कूरेचर : भले लोगों की खोज में गए होंगे।

(राजा उठ खड़े होते हैं। वह खड़े हुए लोगों को पार करके सोच में डूबे हुए इधर-उधर टहलते हैं। कुछ देर चुप्पी)

राजा : *(नालूरान को देखकर)* रामानुजर तो देश छोड़कर चले गए। नालूरान जी, अब क्या समस्या रही ? आपकी योजना यही थी न कि उनको देश से निकाल दिया जाए ?

नालूरान : इन्होंने भाग जाने में उनकी सहायता की। छल करना दूसरा अपराध है। इनको दण्ड देना चाहिए।

शैव 2 : रामानुजर से आप जो हस्ताक्षर माँगने वाले थे, वे इनसे माँगिए। वह कागज कहाँ हैं ?

नालूरान : वह भी एक अच्छी योजना है।

(वह अपने कमर से एक ताड़ का पन्ना निकालता है। वह मुड़ता है। एक सेवक कलम के साथ आता है।)

नालूरान : कूरेचर, आपको इस कागज पर हस्ताक्षर करना होगा। पेरिय नम्बी, आपको भी।

कूरेचर : यह क्या ?

नालूरान : *(पढ़ता है)* 'शिवा ततपरम् नास्ति' 'शिव से बढ़कर कोई देवता नहीं।'

(कूरेचर उस कागज को ले लेते हैं। कलम से कुछ लिखकर हस्ताक्षर करके नालूरान को देते हैं। नालूरान का चेहरा क्रोध

से लाल हो जाता है। वह राजा की ओर जाता है।)

नालूरान : *(क्रोध से)* इनकी ये हिम्मत, हमको अपमानित कर रहे हैं।

राजा : क्या बात है, आराम से बताइए।

(नालूरान, कूरेचर ने जो लिखा है उसे पढ़ता है।)

नालूरान : 'द्रोणम् अस्ति तथ परम्'

राजा : व्याख्या कीजिए।

(शैवों का क्रोध उनके चेहरे पर दिखता है।)

नालूरान : 'शिव' का अर्थ है एक 'माप' यह आप जानते हैं। 'द्रोण' का अर्थ 'शिवं' से अधिक बड़ा माप, यह भी आप जानते हैं। शिवं से बढ़कर 'द्रोण' 'बड़ा माप' कहकर कूरेचर शब्दों से खेल रहे हैं।

शैव 2 : चक्रवर्ती, हमारे देश के शैव इस अपमान को नहीं बर्दाश्त करेंगे।

शैव 3 : *(क्रोध से)* राजाजी, इन्होंने यह कहा है कि 'जब खुशी देनेवाला मालन (विष्णु) है तो, क्या श्मशान का देवता मनुष्य को होना चाहिए'।

शैव 4 : *(क्रोध से)* चक्रवर्ती, क्या हम इस बात को स्वीकार कर सकते हैं कि विश्व को नचाने वाली महान शक्ति को महज 'माप' बनाकर व्यंग्य किया जाए।

राजा : आप क्या कहते हैं, इनको क्या करना चाहिए ?

नालूराम : इनकी आँखों को निकाल देने से इनके पक्ष के सभी लोगों को हमारे रास्ते पर लाया जा सकता है।

ब्राह्मण 1-4,
शैव 1-4 : अच्छा सुझाव है।

राजा : *(झिझकते हुए)* यदि वही सही है, कीजिए। मुझे कुछ नहीं कहना है।

(राजा सभा को छोड़कर अंदर चले जाते हैं। राजा के जाने के बाद नालूरान, कूरेचर के पास जाकर उनको घृणा से देखते हैं। कुछ क्षणों तक चुप्पी)

नालूरान : हमारे शहर की मंदिर संस्था हमारे वंश के हाथों में हुआ करती थी। आपके स्वामी ने ही मेरे पिताजी को बीस साल पहले छल-कपट हो रहा है कहकर मंदिर संस्था से निकाल दिया *(जोर से कहता है)*। मैं बदला लेने के इंतजार में था। चिड़िया उड़ गई। *(थोड़े ऊँचे स्वर में)* आप ही उसके कारण हैं। इनकी

आँखों को निकाल कर, फेंक दो।

कूरेचर : मैं स्वयं ही आपसे यह कहना चाहता था।

नालूरान : *(क्रोध में)* क्या ?

कूरेचर : *(मुस्कुराते हुए)* कि आपको देखने के पाप को मुझे ढोना न पड़े इसलिए मेरी आँखों को निकालकर फेंक दीजिए।

नालूरान : *(क्रोध से पागल होते हुए)* इन्हें खींचकर ले जाओ और इनकी आँखों को निकालकर अँधा कर डालो।

(क्रोध में जाता है...अँधेरा...)

(कुछ क्षणों के बाद पिछले मंच में, मोटी मूँछों वाले बहुत डरावने-से दो वीर हाथ में आग लिए खड़े दिखाई देते हैं। मंच में इस आग की रोशनी के सिवा और कोई रोशनी नहीं है। उनके सामने, कूरेचर और पेरिय नम्बी हैं। उनको—हर एक के लिए दो वीर—दोनों हाथों में जकड़े हुए हैं। आग की बत्ती को लिए हुए वीर कदम पर कदम डालकर, कूरेचर और पेरिय नम्बी की ओर आते हैं।

जब वे पास आकर आग की बत्ती को दोनों की आँखों के पास लाते हैं, तो बिजली की तेज रफ़्तार से यह घटना घटित होती है। कूरेचर और पेरिय नम्बी अपने हाथों को छुड़ाकर आग की बत्ती को छीन लेते हैं, और स्वयं अपनी आँखें जला डालते हैं।

इसकी आशा न करने वाले वीर, उनके मुँह को देखकर स्वर में चीख उठते हैं। पिछले अंग की बाईं ओर से नालूराम तेज़ी से आता है...)

नालूरान : क्या हुआ ?

वीरों में एक : उन्होंने खुद ही अपने आँखें जला डालीं ?

नालूरान : क्या अब भी आपको खेद नहीं हुआ कि आप रामानुजर के भक्त हैं ?

कूरेचर : यदि हमें खेद होने से आपको खुशी मिले, तो हमें खेद है कि हम आपको यह खुशी नहीं दे पाए।

नालूरान : *(क्रोध से)* इनको शहर की सीमा के पास ले जाकर छोड़ो।

(आग की बत्ती लिये हुए वीर उन दोनों को खींच ले जाते हैं। मंच पर अँधेरा।

कुछ क्षणों के बाद मंच पर हल्की सी रोशनी। कूरेचर और पेरिय नम्बी एक दूसरे के हाथ पकड़े मंच का चुपचाप दो

बार चक्कर लगाते आते हैं। उनकी आँखों पर पट्टी बँधी है।)

पेरिय नम्बी : *(रुककर)* कूरेचर जी, अब मुझसे एक कदम भी रक्खा नहीं जा सकता। *(वे बैठ जाते हैं)*

कूरेचर : हम पशुपति (शिव) मंदिर में हैं।

पेरिय नम्बी : तो क्या हुआ ? मेरी साँस फूलने लगी है।
(रुक-रुककर बात कर रहे हैं) परम पिता बुला रहे हैं...

कूरेचर : स्वामी, मुझ पर भार छोड़कर, प्रयत्न कीजिए।
तिरुरंगम जाकर...

पेरिय नम्बी : बैठिए। *(कूरेचर बैठते हैं। पेरिय नम्बी उनकी गोद में लेट जाते हैं।)*

पेरिय नम्बी : *(धीमी आवाज में, रुक-रुककर बोलते हैं)* किसी और वैष्णव की गोद में...लेटकर, *(पुण्य)* तिरूदेश (स्वर्ग) में जागने की कृपा के सिवा...एक सच्चे वैष्णव के लिए और कौन सा सौभाग्य चाहिए ? मेरी अंतिम क्रियाओं को यहीं होने दो...

कूरेचर : *(भावुक होकर)* स्वामी...तिरूवरंगम जाकर...

पेरिय नम्बी : *(मुस्कुराते हुए)* एक सच्चे वैष्णव के लिए हर जगह वैकुण्ठ है...ऐसा स्वामी अक्सर कहा करते थे, क्या भूल गए ? पशुपति का मंदिर भी पुण्य स्थल ही है...यहीं...नादमुनि और कुरुकै कावलप्पन स्वर्ग को प्राप्त हुए थे। आपकी गोद ही मेरे लिए वैकुण्ठ है।
(वे आँखें बंद करते हैं। कूरेचर को महसूस होता है कि वे मर गए हैं। तब दो वीर वहाँ आते हैं। कूरेचर सिर उठाकर देखते हैं।)

वीर 1 : सेनापति ने हमें भेजा। उनका हुक्म है कि आपकी सहायता करें।
(कूरेचर चुपचाप पेरिय नम्बी को देख रहे हैं।)

वीर 1 : वे मर गए ?
(कूरेचर सिर हिलाते हैं। वीर दोनों एक दूसरे को देखते हैं। कुछ क्षणों तक चुप्पी)

वीर 1 : श्रीमान, आज्ञा दीजिए, क्या करना है ?

वीर 1 : इनके लिए यहीं पर अंतिम संस्कार करना होगा। यही इनकी अंतिम इच्छा है। मुझे तिरुवरंगम जाना है। अपने सेनापति को मेरा धन्यवाद कह दीजिए।
(वीर 2 आगे वाले मंच की बाईं ओर को देखकर अंदर आने

को इशारा करते हैं। और दो वीर आते हैं।)

वीर 2 : इनके लिए यहाँ अंतिम संस्कार करने का इंतजाम कीजिए। फिर इनको *(कूरेचर को दिखाकर)* तिरुवरंगम ले जाना है। जैसा सेनापति ने कहा, यह बहुत चुपचाप होना चाहिए।

कूरेचर : आपके सेनापति वैष्णव हैं ?

वीर 2 : नहीं, श्रीमान, शैव।

कूरेचर : नालूरान वैष्णव नहीं है...वैष्णव कुटुम्ब में उसका जन्म हुआ एक आकस्मिक दुर्घटना। तुम्हारे सेनापति शैव कुटुम्ब में जन्मे एक सच्चे वैष्णव हैं।

वीर 2 : अच्छा मनुष्य होना ही एक उत्तम धर्म है, ऐसा हमारे सेनापति अक्सर कहा करते थे, श्रीमान। *(कूरेचर सिर उठाकर उसे देखते हैं। कुछ क्षणों के लिए चुप्पी)*

कूरेचर : तुम ठीक ही कहते हो यदि रामानुजर यहाँ होते वे अवश्य आपके सेनापति से मिलना चाहते। अच्छा, आगे जो होना है, ध्यान दें।

(वे उठने का प्रयत्न करते हैं। वीर सहायता करते हैं। अँधेरा...)

(बहुत ही हल्की रोशनी में कुछ आकार कदम पर कदम रखकर चलते दिखाई देते हैं। जंगली जानवरों की आवाजें आती हैं। चार-पाँच आकार उभरते हैं मंच के दो बार चक्कर लगाते हैं। तीसरी बार चक्कर लगाते समय, आगे वाले मंच की बाईं ओर से हाथ में आग की बत्तियाँ लेकर चार व्यक्ति आते हैं। जंगली मनुष्य जैसे दिखते हैं।

उनके अंदर आते समय, पहले जो आकर दिखाई दिए मंच की दाईं ओर के बीच में, आए लोगों को देखकर चौंककर रुक जाना चाहिए। आए हुए लोगों के हाथ में तीर, कमान। देखने में शिकारी लगते हैं।)

शिकारी 2 : *(डपटते हुए)* आप कौन हैं ?

(वे जब आकारों के पास आते हैं, तो हमें पता चलता है कि आकार कौन हैं। रामानुजर, किटंबी आच्चान, मुदलियांडान, शिष्य)

रामानुजर : चोल देश से आए हैं, लगता है रास्ता भूल गए।

शिकारी 2 : किसकी खोज में आए हैं आप ?

रामानुजर : एक भले इनसान की जिन्हें हम जानते हैं। आपको देखने

से भी लगता है कि आप अच्छे हो।

शिकारी 2 : आप जिसकी खोज में हैं, उनका नाम ?

रामानुजर : नल्लान चक्रवर्ती।

(शिकारी 2 बाकी शिकारियों को देखकर मुस्कुराता है।)

रामानुजर : वे...यहीं है।

शिकारी 2 : वे स्वर्ग सिधार चुके हैं।

शिकारी 3 : वे ही हमारे गुरु हैं।

शिकारी 4 : उन्होंने हमको भले से दिखाया आपको।

शिकारी 2 : आप कौन हैं ?

किटंबी आच्चान : *(रामानुजर को दिखाकर)* यही आपके गुरुजी के गुरुजी, रामानुजर।

(फौरन शिकारी रामानुजर को साष्टांग प्रणाम करते हैं।)

शिकारी 2 : हमारे गुरुजी आपके बारे में अक्सर बात किया करते थे, आपके एक नए समाज को स्थापित करने के बारे में।

शिकारी 2 : हमारे गुरुजी ने बहुत ही नीची दशा से हमारे समाज का सर ऊँचा कराया।

शिकारी 3 : वे वो ही पुण्य इनसान हैं जिन्होंने पंचमर का अंतिम संस्कार किया।

शिकारी 4 : हम सभी वैष्णव हैं जी।

मुदलियांडान : हम चोल राजा का उपद्रव बर्दाश्त न कर सकने के कारण यहाँ आए हैं।

शिकारी 2 : अच्छा ? आप बहुत थके हुए हैं। पहले भोजन खाकर...लेकिन हम...शिकारी हैं, पंचमर हैं।

(रामानुजर उसके पास जाकर उसे कसकर आलिंगन करते हैं।)

रामानुजर : *(मुस्कुराते हुए)* नल्लान के शिष्य कैसे ऐसे बात कर सकते हैं ? वैष्णवों के लिए ऊँच कहाँ, नीच कहाँ ? आइए, पहले खाना, फिर सोचेंगे कि क्या बात करें।

(शिकारी, रामानुजर और बाकी सब आगे वाले मंच की बाईं ओर से बाहर जाते हैं।

रोशनी आने पर, सुबह का समय। शिकारी, रामानुजर और बाकी सब मंच के बीच में चटाई पर बैठे हैं। एक ओर शिकारी, दूसरी ओर बाकी सब, वे कुछ बात कर रहे हैं।)

शिकारी 2 : वहाँ तोण्डनूर में नरसिंह मंदिर है।

शिकारी 2 : हालाँकि तोण्डनूर नम्बी ने अभी तक आपको देखा नहीं, उन्होंने आपको अपने मन में गुरु माना है।

शिकारी 3 : हमारे गुरुजी के रिश्तेदार हैं।

शिकारी 4 : तोण्डनूर के पास मेलकोट्टै।

शिकारी 2 : आपको अवश्य वहाँ जाना चाहिए।

शिकारी 3 : नाम पिट्टल देवन है।

शिकारी 4 : वहाँ आठ हजार जैर्न मुनि हैं।

शिकारी 2 : बड़े घमण्डी मुनि।

शिकारी 3 : राजा को उँगली पर नचाने वाले मुनि।

शिकारी 3 : राजा की पत्नी बहुत अच्छी हैं।

शिकारी 4 : नाम चाण्डल देवी।

रामानुजर : आप क्यों कह रहे हैं कि मुझे वहाँ जाना चाहिए ?

शिकारी 2 : वहाँ नारायण शब्द गूँजना चाहिए।

(रामानुजर उनके साथ बाकी सबको देखकर मुस्कुराते हैं।)

शिकारी 2 : हममें से कुछ को आपकी सुरक्षा के लिए भेजता हूँ।

रामानुजर : मुझे एक और विशेष सहायता चाहिए।

शिकारी 2 : आज्ञा दीजिए।

रामानुजर : आप में दो जनों के साथ मेरे एक शिष्य को तिरुवरंगम जाना है, मुझे जानना है कि वहाँ क्या हो रहा है।

शिकारी 2 : आज ही जाएँगे।

(तब आगे वाले मंच की बाईं ओर से एक व्यक्ति आकर शिकारी 2 के कान में कुछ कहता है। शिकारी 2 का चेहरा खिल उठता है। वह फौरन उठकर जाता है। आया हुआ व्यक्ति बाईं ओर जाकर एक व्यक्ति को ले आता है। व्यक्ति की उम्र पचास वर्ष होगी। वैष्णव है। शिकारी 2 उनको बुला ले जाते हैं। बाकी शिकारी उठकर उसे प्रणाम करते हैं।)

शिकारी 2 : नाथ, यही तोण्डनूर नम्बी हैं।

(तोण्डनूर नम्बी का चेहरा खिल उठता है। वे रामानुजर को प्रणाम करते हैं।)

तोण्डनूर नम्बी : मैंने सोचा भी न था कि मैं आप से मिलूँगा। वो भी इस नीनेगिरी जंगल में...नारायण की कृपा का क्या कहूँ।

रामानुजर : इसके लिए हमें चोल राजा को धन्यवाद देना चाहिए।

तोण्डनूर नम्बी : समझा नहीं।

रामानुजर : उसके बारे में बाद में बात करेंगे। आपके साथ हम तोण्डनूर आते हैं।

तोण्डनूर नम्बी : *(खुशी से)* यह हमारा सौभाग्य है

रामानुजर : राजा जैन हैं क्या ?

तोण्डनूर नम्बी : हाँ। बहुत अच्छे हैं। उनसे मिलने का एक रास्ता है।

रामानुजर : क्या रास्ता ?

तोण्डनूर नम्बी : उनकी इकलौती बेटी अरसिंलकुमारी पर भूत सवार है। उस भूत को भगाने के लिए आपको तैयार होना होगा।

मुदलियांडान : जैनों ने प्रयत्न नहीं किया ?

तोण्डनूर नम्बी : प्रयत्न किया, हार गए।

(रामानुजर सोचते हैं)

तोण्डनूर नम्बी : मैं रानी से कहकर आपको महल में बुलाने का इंतजाम करता हूँ।

रामानुजर : भूत सवार है का मतलब ? वह क्या करती है ?

तोण्डनूर नम्बी : अपने घने केश को फैलाकर सिर चकराकर नाचती है। सुंदर लड़की। बस अठारह वर्ष की होगी।

शिकारी 2 : श्रीमान, आपके लिए कुछ भी असंभव नहीं है। आपको अवश्य इसे करना होगा।

किटंबी आच्चान : वैष्णव धर्म के लिए।

रामानुजर : ठीक है, प्रयत्न करेंगे...

(फौरन 'ओम नमो नारायणाय' का उच्चार।)

अँधेरा...

दृश्य–8

(रोशनी होने पर, राजा पिट्टल देवन मंच के बीच में इधर-उधर टहल रहे हैं। उसकी पत्नी चाण्डल देवी कुछ कह रही है। लगता है कि उसकी बात को सुनकर राजा सोच में डूबे हुए हैं।

राजा पचास साल के होंगे। शांत-सा चेहरा, ज्यादा लंबे नहीं हैं। रानी चालीस वर्ष की होगी। उसके चेहरे पर परिपक्वता दिखाई देती है। सुबह का समय।)

पिट्टल देवन : इस वैष्णव संन्यासी का नाम क्या है ?

चाण्डल देवी : रामानुजर।

(चुप्पी। टहलते हैं)

पिट्टल देवन : क्या तोण्डनूर नम्बी को विश्वास है कि वे हमारी बेटी का इलाज कर सकेंगे ?

चाण्डल देवी : उनको विश्वास है।

(चुप्पी; टहलते हैं।)

पिट्टल देवन : हमारे जैन मठ के पंडित पुजारी इसे स्वीकार करेंगे ?

चाण्डल देवी : वे स्वीकार करेंगे या नहीं करेंगे, इसके बारे में हम क्यों चिंता करें ? बस हमारी बेटी का इलाज होना है, यही न ? *(चुप्पी; टहलते हैं)*

पिट्टल देवन : मठ के नेताओं का विरोध करके एक राजा राज नहीं कर सकता इस देश में। यह राजनीति है, तुम नहीं समझोगी।

चाण्डल देवी : मुझे राजनीति के बारे में नहीं जानना; मुझे बस यह चिंता है कि मेरी बेटी ठीक हो जाए।

(चुप्पी; टहलते हैं)

पिट्टल देवन : वे आए हैं क्या ?

चाण्डल देवी : हाँ। बुलाऊँ ?

(राजा सिर हिलाते हैं। चाण्डल देवी आगे वाले मंच की बाईं ओर से बाहर जाती है। राजा टहलते हैं। कुछ क्षणों के बाद चाण्डल देवी, तोण्डनूर नम्बी और रामानुजर अंदर आते हैं। पिट्टल देवन उन्हें गौर से देखते हैं। फिर झिझकते हुए उनके चेहरे पर मुस्कुराहट आती है।)

पिट्टल देवन : आइए, आइए।

(ऐसा कहते हुए वे दोनों को प्रणाम करते हैं।)

पिट्टल देवन : क्या आपको विश्वास है आप उसका इलाज कर सकते हैं, स्वामी।

रामानुजर : मैं नहीं कहता कि मुझसे हो सकेगा। मुझे विश्वास है कि मैं जिस नारायण का भक्त उसके लिए कुछ भी असंभव नहीं है।

पिट्टल देवन : *(कुछ घबराकर)* नारायण ?

रामानुजर : हाँ उसके बिना एक अणु भी नहीं हिल सकता।

पिट्टल देवन : यहीं तो समस्या है।

रामानुजर : कौन सी समस्या ?

पिट्टल देवन : हमारे मठ के नेता इससे कभी भी सहमत नहीं होंगे।

रामानुजर : फिर उन्होंने इलाज किया होता ?

पिट्टल देवन : वे कहेंगे कि कर्म हिसाब कर रहा है।

रामानुजर : कारण-कार्य के बाद में, कर्म एक मन को समाधान देनेवाली चीज है। कारण भी भगवान है, कार्य भी वही। यदि वही शरण है तो कर्म का अधिकार कैसा ? जिम्मेदारी लेनेवाला ही समस्या का भी हल देगा। हम एक ही रास्ते की बात करते हैं—प्रबुद्धि का रास्ता।

पिट्टल देवन : प्रबुद्धि ?

रामानुजर : भक्ति का सबसे बड़ा लक्ष्य है प्रबुद्धि।
अच्छा, तत्त्व शोध बाद में देखा जाएगा। आप अपनी बेटी के रोग के बारे में बताइए।

चाण्डल देवी : तीन सालों से उसे भूत ने जकड़ा हुआ है। मंत्र, तंत्र, किसी भी चीज का कोई फल नहीं है।

रामानुजर : क्या यह रोग अचानक हुआ ?

पिट्टल देवन : तीन साल पहले दुश्मनों ने अचानक हमला किया देश को लूट डाला। उन्होंने क्या-क्या अत्याचार नहीं किए। रानियों के कक्ष में घुसकर उन्होंने जो अत्याचार किए कहते हुए भी ग्लानि होती है। और कोई रास्ता न देखते हुए, उँगली देकर राज्य को वापस लिया मैंने।

रामानुजर : उँगली को ? समझा नहीं।
(पिट्टल देवन ने उनके पास जाकर अपने दाएँ हाथ को दिखाया। छोटी उँगली नहीं थी)

पिट्टल देवन : मेरे ऊपर अपना अधिकार जताने के लिए, उसकी निशानी में उन्होंने मेरी उँगली माँगी, मैंने दे दिया। उरा दिन से मेरी बेटी नीला देवी को यह रोग है।

रामानुजर : *(आश्चर्य से)* नीला देवी ?

पिट्टल देवन : क्यों ?

रामानुजर : गोकुल में कृष्ण की सखियों में एक थी नीला देवी।

पिट्टल देवन : मैंने अपनी बेटी को एक छोटे कमरे में बंद कर रखा है। उसको...

रामानुजर : *(चौंककर)* छोटे कमरे में बंद कर रखा है ? बहुत बड़ी गलती की है।

पिट्टल देवन : और क्या करें ? उसकी तकलीफ देखी नहीं जाती।

रामानुजर : उसको उस कैद से मुक्त करके, महल के बगीचे में ले जाकर

छोड़िए। वहाँ और किसी को नहीं रहना होगा।

पिट्टल देवन : उसे सँभाला नहीं जा सकता, उतना क्रोध, असुर बल है उसके पास।

रामानुजर : वह मेरी समस्या है। मैंने जैसे कहा वैसे कीजिए। कल सुबह आऊँगा।

(पिट्टल देवन चाण्डल देवी को देखते हैं। रामानुजर इलाज कर सकते हैं यह विश्वास उसके चेहरे पर दिखता है। रामानुजर और तोण्डनूर नम्बी जाते हैं। अँधेरा...)

दृश्य–9

(रोशनी होने पर, मंच के बीचोंबीच एक अठारह साल की लड़की, राजा की बेटी नीलादेवी। उसके लंबे बाल खुले हुए हैं। वह पैर पर पैर रखकर बैठी है। सिर झुका हुआ है, जमीन को छूता हुआ-सा। उसका चेहरा दिखता नहीं है। कुछ क्षणों तक शांति।

रामानुजर आगे वाले मंच की बाईं ओर आते हैं। अंदर आते ही वे रुककर उसे ध्यान से देखते हैं।

चुप्पी।

वे कुछ आगे जाकर खड़े होते हैं। नीला देवी, बहुत धीरे से सिर उठाकर उन्हें देखती हैं। उसके बाल दोनों कंधों पर आगे की ओर गिरे हुए हैं।

लगता नहीं कि रामानुजर उसके ध्यान में आए हैं।

अचानक अत्यंत क्रोध में केश फैलाए हुए, सिर को चक्कर देती हुई नाचती है।

कुछ क्षणों के बाद अचानक खड़ी होती है। ऊजी कूत्तू (एक किस्म का नाच) की तरह नाचता है। नेपथ्य में डमरू की ध्वनि सुनाई देती है।

कुछ मिनटों तक ऐसे नाचने के बाद रुकती है। उसकी आवाज सुनाई देती है।)

आवाज : मैं धर्मोन्मत्रों को खत्म करने वाली काली, दुष्टों को डराने वाली भद्रकाली, धूर्तों का नाश करने वाली दुर्गा, कामुक पागलों को कुचलकर फेंक देने वाली काली, सभी मैं हूँ...सभी

मैं हूँ...सभी मैं हूँ...
(हाहाहा...करके अत्यंत भयंकर हँसी की ध्वनि सुनाई देती है।
वह फिर से अत्यंत क्रोध में नाचती है। नाचते नाचते थककर रुकती है। तब ही उसका ध्यान रामानुजर की ओर जाता है। गौर से देखती है...)

नीला देवी : *(धीमी सी आवाज में)* तुम कौन हो ?
(रामानुजर उसके पास जाते हैं। वह पीछे हटती है।)

नीला देवी : मेरे पास मत आओ।

रामानुजर : *(मुस्कुराते हुए)* इसे देखो, इस नंदवन को। भगवान, प्रकृति के रूप में, रंग रंग के फूल बनकर हिल रहे हैं। *(वे हाथ से चारों ओर संकेत करते हैं)*

नीला देवी : कौन हो तुम ?
(रामानुजर मंच के चारों ओर चक्कर लगाते हुए उसे सभी फूल दिखाते हैं।)

रामानुजर : बेला, इरुवाक्षी, शेण्वगम के फूल, वेंगै और अशोक के पेड़...। जब दुनिया इतनी सुंदर है तो तुममें इतना क्रोध क्यों ?
(नीलादेवी, उनके दिखाए 'फूलों' को चुपचाप देखती है। रामानुजर एक 'बेला के फूल' को तोड़कर उसके पास आते हैं।)

रामानुजर : बेला की सुगंध जैसा और क्या हो सकता है ? *(फूल को उसकी ओर बढ़ाते हैं)* सूँघकर देखो। *(उसके मुँह के पास रखते हैं)*
(वह थोड़ा पीछे हटती है)

नीला देवी : मुझे डर लगता है।

रामानुजर : *(मुस्कुराते हुए)* भय ही तुम्हारा भूत है, वही तुम्हें क्रोध से भर देता है। बेला की सुगंध लेने से ही तुम ठीक हो जाओगी।
(तभी बाँसुरी की ध्वनि सुनाई देती है। अद्भुत संगीत, बहुत ही पतली-सी मीठी-सी हवा में आकर हृदय को भर देता है।)

रामानुजर : नंदवन (बगीचा) पागलवन हो गया, नीला देवी। कृष्ण बाँसुरी बजा रहे हैं। पेरियाजवार कहते हैं कि जब वह बाँसुरी बजाते थे तो सारा विश्व स्तंभित हो जाता था।
(वे गाते हैं)

संगीत :

छोटी उँगलियाँ बाँसुरी पर खेलती हुई
लाल हुई आँखें टेढ़ी होती हुई
पसीने की बूँद उभरतीं भवें हिलाती हुईं
गोविंद ने जब बाँसुरी बजाई
पक्षियों के झुंड घोंसले छोड़कर कृष्ण के पास आकर जैसे शांत जंगल में आनंद में लेट गए, गायों के झुंड आनंद में पैर फैलाकर सर लटकाकर बिना हिलाए कान खोलकर संगीत को सुनते रहे।

(नीला, उनके संगीत में मग्न होकर, उसके साथ बाँसुरी की धुन सुनकर अपने आप को भूल जाती है... संगीत समाप्त होता है... चुप्पी)

नीला देवी : आप कौन हैं ?

रामानुजर : भगवान का भक्त, तुम्हारा रक्षक।

नीला देवी : *(दुखी मुस्कान के साथ)* बहुत देर के बाद आया रक्षक।

रामानुजर : नीला देवी, हमारे सभी अनुभव पुण्य हैं, भगवान को जानने के लिए रास्ते की बाधाएँ।

(नीला देवी से रुलाई रोकी नहीं जा पा रही। रामानुजर उसके पास जाकर उसके कंधे को छूते हैं।)

रामानुजर : आओ, तुम्हारे माता-पिता को देखें। वे तुम्हें देखने को उत्सुक होंगे।

(रोशनी आने पर, पिट्टल देवन और चाण्डल देवी पिछले मंच के बीच में राजसिंहासन पर बैठे हैं। उनके सामने तोण्डनूर नम्बी। रामानुजर और नीला देवी मंच के आगे वाले भाग की बाईं ओर से अंदर आते हैं। नीला देवी ने बाल बाँध लिए हैं। राजा और उसकी पत्नी खुशी से उठकर अपनी बेटी का आलिंगन करते हैं। रामानुजर को कृतज्ञता के भाव से देखते हैं।)

पिट्टल देवन : स्वामी, मैं नहीं जानता मैं आपको कैसे धन्यवाद कहूँ।

चाण्डल देवी : आपने हमें हमारा जीवन वापस दिया है।

(नीला देवी की आँखों में आँसुओं का परदा है।)

पिट्टल देवन : यह बहुत बड़ी साधना है, स्वामी।

रामानुजर : सब उसकी कृपा है। वह जानता है कि उचित समय पर क्या होगा।

(तब जैन मठ के प्रधान वहाँ आते हैं। वे नीला देवी को स्वाभाविक-सा देखकर कुछ चौंक जाते हैं। वे एक के बाद एक राजा, रानी और रामानुजर को देखते हैं।)

पिट्टल देवन : मेरी बेटी का रामानुजर ने इलाज कर दिया, स्वामी।

जैन मठ के प्रधान : *(व्यंग्य से)* मंत्र से ?

रामानुजर : हाँ। अष्टाक्षर मंत्र। 'ओम् नमो नारायणाय'

जैन मठ के प्रधान : *(क्रोध से)* यह कैसा षड्यंत्र है ?

रामानुजर : कोई षड्यंत्र नहीं।

तोण्डनूर नम्बी : साधना। जो आपसे न हो सका, मेरे गुरु ने कर दिखाया। नारायण की कृपा से।

जैन मठ के प्रधान : मुझे विश्वास नहीं होता।

चाण्डल देवी : आपकी आँखों के सामने मेरी बेटी रोग से मुक्त खड़ी है, 'विश्वास नहीं होता' यह कहने का क्या मतलब है। *(पति से)* आइए; आसन पर बैठें।

(दोनों जाकर बैठते हैं)

चाण्डल देवी : हमें कुछ सूझ नहीं रहा कि हम आपको क्या पुरस्कार दें। आप जो कुछ भी माँगें, राजा देंगे, निश्चय ही।

(नीला देवी चाण्डल देवी के पास जाकर खड़ी होती है।)

जैन मठ के प्रधान : *(थोड़ा व्यंग्य के साथ)* क्या नारायण मंत्र ने तुम्हारा इलाज किया ?

नीला देवी : खोए हुए विश्वास को मैंने फिर से पाया। उन्होंने दिया।

(रामानुजर को दिखाती है।)

जैन मठ के प्रधान : *(व्यंग्य से)* भूत भाग गया ?

नीला देवी : मुझ पर जो भूत सवार था, भय था। भय को उन्होंने भगाया

(फिर से रामानुजर को दिखाती है)

जैन मठ के प्रधान : *(रामानुजर से व्यंग्य करते हुए)* आपके देवता ने भगाया ?

रामानुजर : मेरे देवता, आपके देवता, ऐसा कुछ नहीं है, देवता एक ही है, हमारी दृष्टि के अनुसार।

जैन मठ के प्रधान : *(बात काटते हुए)* आपकी दृष्टि ?

रामानुजर : हम अपने देवता को आँखों से ओझल, अदृश्य और कहीं सुदूर स्थित करके नहीं देखते। हमारा देवता मनुष्य के रूप में आकर, मनुष्य को दिव्यस्थिति तक ले जाता है। यही अवतार का रहस्य है।

जैन मठ के प्रधान : *(व्यंग्य से)* ओह !...तो आपका देवता एक साधारण

मानुष है ?

रामानुजर : हाँ, मनुष्य का जन्म लेकर प्रेम, कडुवापन, सुख, दुख जैसे सभी मनुष्य की भावनाओं का अनुभव करता है हमारा भगवान। हम इसी को 'सोलभ्य' करते हैं। नारायण की छवि सहज है। पत्नी से बिछुड़े हुए दुख से तड़पता राम और माखन चुराकर बड़े चाव से खाते कृष्ण के रूप में उसे देखा जा सकता है। नीला देवी ने कृष्ण की बाँसुरी की धुन सुनी। संगीत के आनंद ने ही उसके रोग को भगा दिया।

जैन मठ के प्रधान : *(क्रोध से)* जादू, तंत्र दिखाकर आपने इन्हें बेवकूफ बनाया है।

रामानुजर : क्या यही जादू है ? यह समझना कि हम नारायण के हैं, यही जादू है। उससे एक होने की स्थिति में यह समझना कि उसके बिना कोई क्रिया नहीं, यही जादू है। यदि नारायण जिम्मेदारी लेने वाला है तो ऐसा कौन सा काम है जो हमसे नहीं हो सकता ?

पिट्टल देवन : स्वामी, आपने अभी तक हमारे प्रश्न का उत्तर नहीं दिया।

रामानुजर : कौन सा प्रश्न ?

पिट्टल देवन : जो चाहिए माँगिए, हम देने की प्रतीक्षा कर रहे हैं।

रामानुजर : देश के सभी लोगों को बुलाकर भोजन दीजिए, वह मेरे लिए काफी है।

जैन मठ के प्रधान : हम भोजन में शामिल नहीं हो सकते।

रामानुजर : क्यों ?

पिट्टल देवन : मैं अंगहीन हूँ; मेरे पास एक उँगली नहीं है। जैन मुनि शामिल नहीं होंगे।

रामानुजर : उस दिन महावीर ने वैदिक मठ में अंधविश्वास का विरोध किया। यह क्या नया पागलपन है, मठ के प्रधान जी ?

जैन मठ के प्रधान : यह हमारा सिद्धांत है। आपको बीच में आने का कोई अधिकार नहीं।

रामानुजर : वैष्णव मठ में सब के लिए स्थान है। ब्राह्मण, पंचमर, अंगहीन—कोई भी हो, सभी को भगवान ने रचा है। भोजन का प्रबंध कीजिए, हम शामिल होंगे।

जैन मठ के प्रधान : धार्मिक आज्ञा का उल्लंघन करके राजा कुछ भी नहीं कर सकता।

पिट्टल देवन : करूँगा। कल भोजन होगा।

जैन मठ के प्रधान : *(क्रोध में)* हम आपको अपने धर्म से निकाल देंगे।

पिट्टल देवन : निकाल दीजिए, खुशी हुई। आज से मैं वैष्णव हूँ। रामानुजर, मुझे आशीर्वाद दीजिए।

(जैन मठ के प्रधान क्रोध में बाहर जाते हैं। पिट्टल देवन, और चाण्डल देवी उठकर रामानुजर को साष्टांग प्रणाम करते हैं। रामानुजर आशीर्वाद देते हैं।)

रामानुजर : आज से आपका नाम विष्णु वर्धन रायर होगा। 'ओम नमो नारायणाय'।

(अँधेरा)

दृश्य–10

(पर्दा हटने पर, मंच पर अँधेरा... कुछ क्षणों के बाद आग की बत्तियों के साथ छह आदमी आते हैं। वे एक हाथ में लिए ? और दूसरे हाथ में जंगली पौधे को हटाते हुए, उन्हें हँसिया से काट फेंकने की तरह थोड़ा-थोड़ा करके आगे बढ़ते हैं।)

व्यक्ति 2 : जंगल इसी को कहते हैं।

व्यक्ति 2 : साँप के बिल...

व्यक्ति 3 : तुलसी के पौधे।

व्यक्ति 4 : पैरों में चुभते छत्राक, काँटे।

व्यक्ति 5 : सूरज भी यहाँ आने से डरेगा।

व्यक्ति 6 : हमारा काम है, जंगल को सुधारना। स्वामी की आज्ञा है, करेंगे।

व्यक्ति 2 : हम जैसे पंचमर को जिस स्वामी ने सुखद जीवन दिया उसके लिए हम अपनी जान देंगे।

व्यक्ति 2 : स्वामी कहते हैं कि इस जंगल को सुधारने से नारायण मिलेगा, सच है ?

व्यक्ति 3 : वे जो कुछ भी कहते हैं कभी झूठ नहीं होगा।

व्यक्ति 4 : इस जंगल का क्या नाम है ?

व्यक्ति 5 : यदुगिरी जंगल।

व्यक्ति 6 : स्वामी का अनुमान है कि यहाँ वैष्णव का चिह्न विष्णु की मूर्ति भी मिल सकती है।

(तब व्यक्ति 2 कुछ क्षणों के लिए गौर से नीचे देखता रहता है। उसके चेहरे पर आश्चर्य। झुकता है। नीचे पड़ी 'एक चीज' को उठाकर आग की बत्ती रखकर देखता है। व्यक्ति 2, 3, 4, 5, 6, उसे देखते हैं।)

व्यक्ति 2 : सोने का आभूषण।

(बाकी लोग उसके पास आकर उसके हाथ की चीज को देखते हैं।)

बाकी सब : *(आश्चर्य से)* आभूषण ही है।

(तभी रामानुजर हाथ में आग की बत्ती और हँसिया लिए आते हैं। वे लोग बड़ी खुशी से उनकी ओर जाते हैं। वे उनको वह आभूषण देते हैं।)

व्यक्ति 2 : यहाँ नीचे पड़ा था। *(रामानुजर उसका कुछ क्षणों तक अध्ययन करते हैं।)*

रामानुजर : *(खुशी से)* ईश्वर का आभूषण ही, नारायण निश्चय ही यहाँ होंगे। *(वे भी उनके साथ काम करने लगते हैं।)*

रामानुजर : गाते हुए काम करें तो कठिनाई महसूस नहीं होगी। गाएँ ?

(गाते हैं। उनके गाने के साथ पीछे से तालियाँ बजती हैं)

संगीत :

भगवान विष्णु (वामनावतार) बनकर जब संसार को नापने के लिए बड़े हुए
पहले समुद्र दिखाई दिया, फिर शंख और धनुष उभर आए
सभी दिशा में बधाइयाँ गूँज उठी, फिर गदा और तलवार दिखाई दिए
संसार के मुँह को चीरते हुए दिव्य केश और दिव्य चरण उभर आए
परम पिता ने दूध के सागर (क्षीरसागर) को पार किया,
पर्वतों पर नदियों के उमड़ने का शब्द
साँपों का पर्वतों का मंथन करने की ध्वनि सुनाई दी
सागर उलट-पलट गया हो
इस तरह लहरों की ध्वनि सुनाई दी
इस तरह एम्पुरुमान ने समुद्र पार करके देवताओं को अमृत दिलाया।
जब परमपिता वाराह के रूप में आकर संसार को उबारा
सातद्वीप अपने स्थान पर अटल थे

सात पर्वत बिना हिले स्थिर थे
सात समुद्र अपने स्थान पर स्थिर थे।

(तब पिछले मंच के बीच में व्यक्ति 4 खुशी से पुकारता है... संगीत रुकता है।)

व्यक्ति 4 : श्रीमान...इधर आकर देखिए।

(रामानुजर तेजी से वहाँ जाते हैं। नीचे झुककर देखते हैं...)

रामानुजर : 'अमृत पाया देवता ने' हमने कहा, अमृत ही मिल गया। मुख्य मूर्ति (विष्णु) का पुण्य रूप यही है।

(वे नीचे गिरकर प्रणाम करते हैं। बाकी सब भी साष्टांग प्रणाम करते हैं।)

रामानुजर : *(लोगों से)* आप, लोगों को पंचमर कहने वाले पापी हैं...तुम लोग तिरुक्कुलत्तार हो। तिरुमाल को खोज निकालने वाले तिरुक्कुलत्तार (पुण्य कुल के) उस दिन छिपी हुई भूमि को विष्णु के अवतार ने निकाला। आज छिपे हुए हरी को तुमने हमें दिखाया। तिरुक्कुलत्तार आप भी एक अवतार हैं। मैं आपको प्रणाम करता हूँ।

(वे उनको साष्टांग प्रणाम करते हैं। इसकी आशा न करने वाले चौंककर उनको रोकते हैं।)

रामानुजर : मेलकोट्टै को अब से तिरुनारायण के नाम से पुकारा जाएगा। विष्णु वर्धन से कहकर यहाँ एक मंदिर बनवाएँगे। यहाँ आप लोगों को ही सबसे अधिक मर्यादा दी जाएगी।

(कुछ क्षणों के लिए ऐसे सोचते हैं जैसे कुछ याद आया हो)

व्यक्ति 2 : आप क्या सोच रहे हैं ?

रामानुजर : यहाँ मंदिर बनाकर कुंभाभिषेक करेंगे। लेकिन...

व्यक्ति 2 : लेकिन...

रामानुजर : ईश्वर मिले तो...उत्सव पुजारी चाहिए ? अच्छा...कल खोजकर देखेंगे। आज के लिए इतना काम काफी है।

(वे मुड़कर जाते हैं। अँधेरा...
रोशनी होने पर विष्णु वर्धन के साथ रामानुजर मंच के बीच में खड़े हैं। विष्णु वर्धन का चेहरा खिल उठता है। लगता है कि वे रामानुजर से कुछ कह चुके हैं। सुबह...)

रामानुजर : 'दुश्मन राजा' का अर्थ ?

विष्णु वर्धन : वह तुर्क राजा है। जब उन्होंने इस देश पर हमला किया, कई चीजों को उठा ले गए। कहते हैं कि विष्णु की मूर्ति

उसकी बेटी के पास है।

रामानुजर : बेटी के पास ?

विष्णु वर्धन : लगता है वह उसे गुड़िया बनाकर खेल रही है।

रामानुजर : आश्चर्य की बात नहीं है। जो नारायण को जिस रूप में देखते हैं, वे वैसा ही रूप धारण कर लेते हैं। मेरे पास एक उपाय है।

विष्णु वर्धन : बोलिए।

रामानुजर : मैं जाकर उस राजा से मिलकर...

विष्णु वर्धन : *(घबराकर)* आप क्या कह रहे हैं ? तुर्क राजा को आप जाकर मिलेंगे ?

रामानुजर : क्यों न उससे मिला जाए ? वह भी तो मनुष्य है ? मुझे विश्वास है कि मैं मनुष्य होने के नाते उससे बात कर सकूँगा।

विष्णु वर्धन : आपको कोई खतरा...

रामानुजर : कुछ नहीं होगा। अरंगन मेरी रक्षा करेंगे। मैं चोल राजा से भी मिल सकता था। तब मुझे वह नहीं सूझा। अब मैं समझा कि अरंगन ने मेरे लिए अभी और भी काम छोड़े हैं। मैं अपने तिरुक्कुलत्तारों से मिलता हूँ।

(वे जाते हैं। राजा वैसे ही घबराए हुए खड़े हैं। अँधेरा।)

दृश्य–11

(रोशनी होने पर पिछले मंच पर राजा के सामने एक बड़ा हरे रंग का पर्दा लटका हुआ है। तुर्क राजा सजे हुए आसन पर बैठे हैं। युवक है जिसकी उम्र तीस साल के अंदर होगी। उसके सामने, उसके मंत्री भी अपने स्थानों पर बैठे हैं। रोशनी आने के कुछ क्षणों बाद, आगे वाले मंच की बाईं ओर से एक सेवक अंदर आकर 'सलाम' करता है।)

मंत्री 1 : *(सेवक से पूछते हैं)* क्या ?

सेवक : चक्रवर्ती को कोई देखने आए हैं।

राजा : बुला लाओ।

(रामानुजर और दो तिरुक्कुलत्तार आते हैं। वे राजा को 'सलाम' करते हैं। हिंदू धर्म के एक मुनि का 'सलाम' करना राजा के लिए नया अनुभव है। उसके चेहरे पर आश्चर्य दिखता

है, वे उन्हें सिर उठाकर देखते हैं)

राजा : कौन हैं आप ?

रामानुजर : मेरा नाम रामानुजर। वैष्णव हूँ।

राजा : वैष्णव का मतलब ?

रामानुजर : वैष्णव वे जो विश्वास करते हैं कि संसार में सब कुछ देवता के संबंध से ही अर्थ पाता है।

राजा : *(व्यंग्य)* 'देवता' मतलब कितने 'देवता' हैं आपके धर्म में ?

रामानुजर : देवता एक ही है। वह अल्लाह हो सकता है, नारायण भी हो सकता है। बस नाम अलग हैं। भगवान एक ही है।

राजा : क्या ? ना...रा....यण ?

रामानुजर : कारण नाम। जो सभी में हैं; सब कुछ है; सूक्ष्म भौतिक स्थितियाँ।

राजा : भगवान का आकार है ?

रामानुजर : देखा जाए तो देवता का नाम भी नहीं है। लेकिन हम अपने आपको समझाने के लिए 'अल्लाह' कहकर पुकारते हैं, है न ? उसी तरह है आकार। यदि किसी का विश्वास है कि यह आकार ही भगवान है तो वह आकार ही उसके लिए भगवान है।

राजा : चतुर उत्तर, आप किस आकार में विश्वास करते हैं ?

रामानुजर : आपके महल में है।

राजा : *(धबराकर)* क्या कह रहे हैं आप ?

रामानुजर : कहते हैं कि आपकी सेना के हमले के समय तोण्डनूर के मंदिर रो कई चीजें यहाँ लाई गईं। उनमें से एक मैं जिस देवता की पूजा करता हूँ, उसके रूप में मूर्ति है।

मंत्री 2 : *(उठकर)* लाई गई चीज हमारा जयलाभ पुरस्कार है। वापस देने की प्रथा नहीं है। *(राजा हाथ उठाकर उसे बैठने को कहते हैं।)*

राजा : सेना का हमला मेरा नहीं है। मेरे पिताजी ने सेना भेजी थी। मैं युद्ध से सख्त नफरत करता हूँ। दूसरों की चीज को लूटना भी मुझे पसंद नहीं। अच्छा, उसे जाने दो। क्या आपको निश्चित पता है कि वह मूर्ति हमारे पास है ?

रामानुजर : वैसा ही मैंने सुना है। कहते हैं कि आपके महल में एक लड़की उसके साथ खेलती है।

(राजा सोचते हैं।)

राजा : *(कुछ क्षणों के बाद)* समझा। मेरी छोटी बहन के पास एक मूर्ति है। मैंने उसे उसके साथ खेलते देखा है। अच्छा, आइए...महल के अंदर रानी के कक्ष में जाकर देखते हैं। *(उठते हैं)*

मंत्री 1 : *(उठकर)* चक्रवर्ती...

राजा : *(मुड़कर)* क्या ?

मंत्री 2 : पराये देशवाले को, पराए धर्म के एक व्यक्ति को, महल के अंदर रानी कक्ष में ले जाना उचित नहीं है, चक्रवर्ती !

राजा : *(मुस्कुराते हुए)* ये उम्र में बड़े हैं। संन्यासी हैं। आपकी पाबंदी इन पर नहीं लागू होती। एक और बात...अच्छे लोगों के लिए कोई भी पाबंदी नहीं। (रामानुजर से) आप आइए।

(वे पिछले मंच की बाईं ओर से जाते हैं। एक दूसरे को देखते हैं। उनको राजा का ऐसा करना अच्छा नहीं लगा। अँधेरा। कुछ क्षणों के बाद रोशनी होने पर केवल हरा पर्दा दिखाई देता है। आसन नहीं है।

मंच के बीच में पैर के ऊपर पैर डाले आगे वाले मंच को देखते हुए आठ साल की बालिका, अपने सामने रखी मूर्ति से बात कर रही है। सुंदर लड़की, इस्लामी रिवाज के अनुसार कपड़े पहने हुई है। पिछले मंच की दाईं ओर अंदर घुसते हुए रामानुजर और राजा उसके पीछे खड़े होकर उसकी बात को सुनते हैं। आँखों को अच्छी लगने वाली हल्की रोशनी)

बच्ची : कितनी सुंदर हो तुम ?

(मूर्ति को उठाकर आलिंगन करके, प्यार कर फिर से नीचे रखती है।)

मैं तुमसे कभी नहीं बिछुड़ूँगी। तुम्हीं से हमेशा खेलूँगी। मेरे प्रिय हो तुम।

(उस मूर्ति को फिर से उठाकर नीचे रखती है।)

मुल्ला कहते हैं कि तुम काफिरों के भगवान हो। भगवान एक ही तो है ? मुल्ला ने कहा है कि कुरान ऐसा ही कहता है। यदि ऐसा है तो काफिरों के लिए एक भगवान, विश्वास करने वालों के लिए दूसरा भगवान, कैसे हो सकता है...? तुम मेरे भगवान नहीं हो। मेरे नायक हो।

(राजा कुछ चौंककर रामानुजर को देखते हैं। रामानुजर के चेहरे पर मुस्कान)

तुमको हमेशा मेरे पास रहना होगा। तुमसे मैं कभी अलग नहीं रहूँगी।

राजा : *(मुस्कुराते हुए)* बिछुड़ने का वक्त आ गया है। प्यारी बहन ! *(बच्ची चौंककर उनको देखती है। रामानुजर को देखकर डरी हुई सी ताकती है। मूर्ति को अपनी पीठ पीछे छिपा लेती है।)*

राजा : वह इनकी है। दे दो, रजिया।

बच्ची : *(जिद्द करते हुए)* नहीं, मेरी है।

रजिया : नहीं, मेरी है। इससे मैं शादी करने वाली हूँ।

राजा : *(मुस्कुराते हुए)* एक हिंदू भगवान से शादी करने वाली एक तुम ही मुसलमान लड़की होगी, रजिया।

रामानुजर : निश्चय ही। *(मूर्ति को देखकर)* इन्हें इस बारे में कोई एतराज नहीं होगा। जिस स्थिति में जो इन्हें रखना चाहता है, उस स्थिति में रहने में यह झिझकेंगे नहीं। इन्हें हम किसी भी तरह देख सकते हैं, पति के रूप में, पिता के रूप में, बेटा के रूप में। अभी मैं इन्हें अपने बेटे के रूप में देखता हूँ। वह मेरा प्यारा पुत्र है।

राजा : *(मुस्कुराते हुए)* यदि ऐसा है तो, आप ही को उसका इसके साथ विवाह करना होगा।

रामानुजर : हमारे पूर्वजों में एक ने ऐसा किया है। लेकिन उन्होंने अपनी बेटी की शादी इससे की। भगवान के ससुर होने के नाते उन्हें पेरियाजवार कहकर पुकारते हैं।

रजिया : उस लड़की का नाम क्या है ?

रामानुजर : आँडाल।

रजिया : मैं भी आँडाल की तरह इसकी पत्नी हूँ।

राजा : ठीक है, बस काफी खेल लिया, उस मूर्ति को इनको दे दो।

रजिया : नहीं दूँगी।

राजा : इनको अपने शहर वापस जाना है।

रजिया : जाने दो, लेकिन मैं इसे नहीं दूँगी। हमेशा इसी के साथ रहूँगी। *(राजा की समझ में नहीं आता कि वे क्या करें, वे रामानुजर को देखते हैं।)*

रामानुजर : इसको मेलकोट्टै मंदिर में प्रतिष्ठित करना है। उसके बाद...

रजिया : तब मैं भी तुम्हारे साथ आऊँगी। आप ही तो मेरे ससुर हैं ? *(रामानुजर राजा को देखते हैं। राजा चुप खड़े हैं।)*

रामानुजर : इस धार्मिक प्यार के बीच में आने का हमें कोई अधिकर नहीं।

राजा : इसलिए... ?

रामानुजर : रजिया को मैं अपने साथ ले जाता हूँ। इसको मैं अपनी बेटी की तरह रखूँगा। आप चिंता न करें, चक्रवर्ती।

(राजा सोच में डूब जाते हैं।)

रजिया : *(राजा के हाथ पकड़कर विनती करती है)* मैं भी इनके साथ जाऊँगी, अनुमति दीजिए भैया।

राजा : ठीक है...तुम अंदर जाओ। इनसे मुझे बात करनी है।

(वह जाती है)

राजा : यह मेरे पिता की तीसरी पत्नी की बेटी है। इसकी माँ नहीं है। अगर यहाँ मैं नहीं होता, तो न जाने इस पर क्या गुजरती। मुझे लगता है कि मैं आप पर विश्वास कर सकता हूँ। उसे ले जाइए। लेकिन उसके धर्म को बदलने का प्रयत्न मत कीजिएगा। मुझे यह शपथ चाहिए।

रामानुजर : मैं जिस देवता की पूजा करता हूँ, उसकी कसम खाता हूँ। मैं उसके धर्म को बदलूँगा नहीं। अब से उसका नाम 'तुर्क नाच्चियार' (तुर्की पत्नी) होगा। हमारी आँडाल की तरह उसके लिए भी हमारे मंदिरों में एक देवकक्ष रहेगा। इस वैष्णव-तुर्की दिव्य संबंध के बारे में सदियों तक चर्चा होती रहेगी, यह निश्चय है।

(राजा कृतज्ञता से उनके हाथ पकड़ लेते हैं। अँधेरा...)

दृश्य–12

(रोशनी होने पर मंच पर पुण्योत्सव का दृश्य। सुबह का समय।)

परै (एक किस्म की ढोलक) *तिरुक्कुलत्तार बड़ी उमंग के साथ नाच रहे हैं।*

पिछले मंच पर, रामानुजर, किटंबी आच्चान, मुदलियांडान, शिष्य और विष्णु वर्धन नाच को देखकर आनंद ले रहे हैं। ताल और लय के साथ, नाच उच्च शिखर तक पहुँचता है।

तब दर्शकों के पीछे से उत्सव मूर्ति चेल्लापील्लै (लाड़ले) को उठाकर कुछ तिरुक्कुलत्तार आते हैं।
उत्सव मूर्ति के पास रजिया का शंख गूँजता है।
'ओम् नमो नारायणाय' का नारा। उत्सव मूर्ति मंच के पास जाने पर, रामानुजर और बाकी सब आगे बढ़कर मंत्र-नारा लगाकर उनका स्वागत करते हैं।
मंच के पीछे वाले भाग के बीच में चार तिरुक्कुलत्तार उत्सव मूर्ति को कंधों पर उठाए खड़े हैं।
'तिरुप्पल्लांडु' (पेरियाज़वार), गाना जोर से सुनाई देता है।

संसार की बुराइयों को जीतने वाले
बड़े चौड़े सख्त कंधों वाले माणिक्य रंग वाले
तुम्हारे लाल कमल जैसे चरणों में हमारा आश्रय है
सौ-हजार साल जीयो।

('तिरुप्पल्लांडु') *के समाप्त होते ही, कर्पूर की आरती होती हैं। मुदलियांडान और सब को पुण्य जल देकर किटंबी आच्चान चड़ारी (दिव्य चरण मुकुट) उठाते हैं। संस्कार खत्म होते ही, रामानुजर मंच के बीच में आकर खड़े होते हैं।)*

रामानुजर : नारायण पर विश्वास रखने वालों के लिए जो कुछ भी होता है वह पूर्वनिर्धारित है। आलवंदार की महान इच्छा है कि सारे विश्व में नारायण का राज्य हो। आज का दिन, जिस दिन हमारे गुरुजी का सपना सच हुआ, वैष्णव धर्म के लिए सुनहरा दिन है। चोल राजा को धन्यवाद कहेंगे। मेलकोट्टै नाम का यह तिरुनारायणपूर आज से सभी वैष्णवों के लिए पुण्य तीर्थ स्थल है। सम्पत कुमार की दी हुई तुर्क नाच्चियार आज से हम सब की माता है।
(रजिया के पास जाकर उसे गले लगा लेते हैं।)
'ओम नमो नारायणाय' का नारा।
(कुछ क्षणों तक चुप्पी)

रामानुजर : मेरा यहाँ का काम समाप्त हुआ। मुझे तिरुवरंगम वापस जाना है। यहाँ इस पुण्य स्थल पर बावन लोग रहकर वैष्णव काम को आगे बढ़ाएँगे। मुझे वापस जाने के लिए विदा करें।
(भीड़ में हलचल। लगता है लोग नहीं चाहते कि वे वापस जाएँ।)

रामानुजर : मुझे पता है कि आप लोग ऐसा नहीं चाहेंगे। लेकिन...मैं

अरंगन की पुकार को टाल नहीं सकता ! मेरे लिए जिस कूरेचर ने त्याग के घाव सहे उन्हें देखे बिना मैं नहीं रह सकता। राज्य को मेरा धन्यवाद। आप सबको धन्यवाद। अब यहाँ वैष्णव धर्म को चलाना आपकी जिम्मेदारी है। मेरे लाड़ले की कृपा है। विश्वास रखिए।

(वे विदा लेकर मंच के आगे वाले भाग की बाईं ओर से जाते हैं। उनके साथ किटंबी आच्चान, मुदलियांडान और शिष्य जाते हैं। 'ओम नमो नारायणाय' का उच्चार। अँधेरा।)

अंक–3

(रोशनी होने पर, पिछले मंच के बीच में रामानुजर आसन पर बैठे हैं। उनके पास दोनों तरफ किटंबी आच्चान, मुदलियांडान और गोविंद पेरुमाल (एम्पार आजवार) *और शिष्य बैठे हैं। सुबह का समय। नेपथ्य में संगीत।)*

(पहले अंक में पहले दृश्य में वही स्तुति गीत)

हे ईश्वर ! कमल के फूल खिल उठे
समुद्र पर सूर्य निकल आया
डमरू-जैसी कमर वाली स्त्रियाँ अपने केशों को निचोड़कर पानी छिटकते हुए अपने अपने वस्त्र पहन कर तट पर चढ़ आई हैं
तिरुत्तुजाय फूल की मालाएँ और टोकरी को कंधे पर लिए
तोण्डरडिपोडि (भक्त की चरण धूल में शरण लेने वाले आजवार) भक्त को ज्ञान देकर इनसान बनाना है। जागिए।

(रामानुजर अपने आप को भूलकर संगीत में खोए हुए हैं।)

रामानुजर : *(संगीत रुकने के बाद)* हर दिन तिरुनारायणपूर से सुबह में यह तोण्डरडिपोडि आजवार का यह स्तुति गीत मेरे कानों में सुनाई देता है। यह स्तुति गीत सुनते समय मेरे आँखों के सामने अरंगन आते हैं।

(चुप्पी...कुछ सोच रहे हैं...)

रामानुजर : कूरेचर अब तक क्यों नहीं आए ?

शिष्य 2 : आ रहे हैं, स्वामी !

रामानुजर : मेरे सभी गुरुजी स्वर्ग को प्राप्त हो गए। तिरुक्कोष्ठिपूर नम्बी, तिरुमलैआँडान, तिरुक्वरंग पेरुमाल के पुजारी, तिरुक्कच्ची नम्बी, पेरिय नम्बी...पता नहीं मेरे लिए और क्या काम रखा है। अरंगन जानते हैं।

(तभी आगे वाले मंच की बाईं ओर से दृष्टिहीन कूरेचर, अपने बेटों परासर पट्टर और श्रीराम पिल्लै को साथ लाते हुए आते हैं। परासर और श्रीराम पिल्लै युवक हैं। रामानुजर उठकर कूरेचर का आलिंगन करते हैं। परासर और श्रीराम पिल्लै को कुछ क्षणों के लिए गौर से देखते हैं।)

परासर : मैं परासर, यह मेरा छोटा भाई श्रीराम पिल्लै।

(रामानुजर उन दोनों का आलिंगन करते हैं।)

रामानुजर : *(भावुक होकर)* कूरेचर, यह आपने क्या कर डाला !

(कूरेचर मुस्कुराते हैं। रामानुजर उनको ले जाकर, अपने पास बिठाते हैं)

रामानुजर : कितना बड़ा त्याग, इसके बराबर कुछ भी नहीं।

कूरेचर : स्वामी, क्या कह रहे हैं आप, कैसा त्याग ?

रामानुजर : आपकी जगह मुझे होना चाहिए था, न ?

कूरेचर : *(मुस्कुराते हुए)* मैंने जो किया वैष्णव धर्म के लिए। जानबूझकर किया। इसे स्वामी द्वारा स्वयं ही त्याग कहकर तुच्छ करना ठीक है क्या ?

रामानुजर : क्षमा कीजिएगा। मैंने यह नहीं कहा कि आपने त्यागी का पुरस्कार पाने के लिए ऐसा किया लेकिन मेरी नजर में यह त्याग है। मेरी आँखें ही खत्म होने को थीं, इस अपराध भाव में...

कूरेचर : *(कुछ चौंककर)* आपके मन में अपराध भाव ?

रामानुजर : मुझे यह अपराध भाव कुरेदता रहता है कि गुरुजी पेरिय नम्बी और आपको संकट का सामना करने के लिए भेजकर मैं शहर छोड़कर चला गया।

कूरेचर : आप यदि वैसे नहीं जाते तो क्या तिरुनारायणपूर बनता ? हमें सम्पत कुमार मिलता ?

रामानुजर : देखा जाए तो, यह बीती हुई घटना को ठीक बताने के लिए अपने आप को संतोष देना है। उस समय मेरा चला जाना गलत ही था।

कूरेचर : *(मुस्कुराते हुए)* मैंने कभी भी नहीं सोचा कि मुझे कोई कष्ट

हुआ है, स्वामी ! बस मैं संसार को देख नहीं सकता। अंतर्दृष्टि से मैं अरंगन को, बाहरी दृश्यों के पर्दे के बिना, देखता रहता हूँ और क्या चाहिए ?

रामानुजर : बाहरी दृश्य भी अरंगन ही हैं, कूरेचर। एक सच्चे वैष्णव को अंदर भी दृष्टि चाहिए, बाहर भी। आपको हमें देखना है। यहाँ किटंबी आच्चान, मुदलियांडान सभी आपके कृपापात्र बनने की प्रतीक्षा कर रहे हैं। इसलिए... *(रुकते हैं)*

कूरेचर : इसलिए...बोलिए, स्वामी।

रामानुजर : हम काँची के वरदन (ईश्वर) के पास जाकर प्रार्थना करेंगे कि आपको दृष्टि वापस दे दें। *(कूरेचर धीरे से हँसते हैं।)*

रामानुजर : क्यों हँस रहे हैं आप ?

कूरेचर : *(मुस्कुराते हुए)* जब मैं आप सब को अपनी आंतरिक आँखों से देख सकता हूँ, तो बाहरी आँखें किसलिए ? आंतरिक आँख से देखने में एक अनुकूलता भी है। किसको देखना है, किसको देखना नहीं है, यह सब चुनने का अधिकार है।

रामानुजर : संसार में ऐसा कुछ भी नहीं जो नापसंद करने लायक हो। नारायण की कृपा से, विष में भी अमृत देखा जा सकता है। हमारे लिए कृपा करके...काँची जाकर...

कूरेचर : काँची जाने की आवश्यकता नहीं है। अरंगन के मूर्तिस्थल में ही मैं वरदन को देख सकता हूँ।

रामानुजर : यदि ऐसा है तो आज ही, अभी ही अरंगन के देवकक्ष को जाएँगे, चलिए।

(वे उठकर, कूरेचर के हाथ पकड़कर, धीरे से ले जाते हैं।)
बाकी सब पीछे पीछे जाते हैं।
अँधेरा।
रोशनी होने पर वे दर्शकों को देखते हुए दो पंक्तियों में खड़े है। बीच में कूरेचर और रामानुजर। उनके सामने भगवान की मूर्ति। मंदिर की घण्टी गूँज उठती है। कूरेचर उसकी गूँज कम होते ही गाते हैं।)

संगीत :

जहाजों में नवरत्न धकेलकर ले जानेवाले
भगवान ! तिरुक्कच्ची में रहने वाले। पुण्य नाम के नगर वाले !
(लक्ष्मी) मधु की सुगंध वाली पहाड़ों के राजा की बेटी से

जिसने विवाह किया
जिसकी बाईं ओर पार्वती है
वह शिव जिसकी दाईं ओर है
दूध के समुद्र में रहने वाले ! संसार
जो तिरुवेंकट पर्वत के ऊपर कोहरे में है
प्रवाल रंग वाले !
'कहाँ हो ? कहाँ गए ?' कहकर मैं
तुम्हें खोजता हुआ फिर रहा हूँ।

(शंख का गूँजन, मंदिर की घण्टी, सब रुककर, कुछ क्षणों के लिए शांति। आवाज सुनाई देती है।)

आवाज : मेरे अंदर वरदन को देखकर तुमने संगीत के आँसू बहाए। जो चाहो माँगो।

कूरेचर : जो भलाई मेरी है नालूरान को भी मिले।

आवाज : वैसा ही होगा।

(सभी चौंक जाते हैं। रामानुजर नहीं चौंकते; कुछ क्षणों तक कूरेचर को चुपचाप देखते हैं। स्वामी के चेहरे पर मुस्कराहट...)

शिष्य 2 : *(कूरेचर के पास जाकर)* उस क्रूर इनसान को क्या आपकी भलाई मिलनी चाहिए ?

(कूरेचर के चेहरे पर मुस्कान)

शिष्य 2 : ऐसा वर आपने क्यों माँगा ?

कूरेचर : *(मुस्कुराते हुए)* 'नारायण की कृपा से, विष में भी अभृत देखा जा सकता है।'

(रामानुजर कूरेचर को साष्टांग प्रणाग करते हैं। लगता है कि कूरेचर इसे महसूस करके भी चुपचाप खड़े हैं। बाकी सब चकित खड़े हैं।)

रामानुजर : शत्रुता, मित्रता जैसी चीजों का असर पड़ने वाली तुच्छ स्थितियों को पार करके कूरेचर एक अद्‌भुत स्थिति में हैं। वे अभी वैष्णव धर्म के उच्चस्तर पर खड़े हैं। याद है जो रामायण में गुरु ने कहा था, 'हजार राम, एक भरत के समान नहीं हो सकते' ! वैसे ही...हजार रामानुजर एक कूरेचर के समान नहीं हो सकते। कूरेचर, मैं आपको प्रणाम करता हूँ।

(वे कूरेचर को साष्टांग प्रणाम करते हैं। बाकी सब थोड़े आश्चर्य में हैं कि कूरेचर उन्हें रोकते नहीं।)

रामानुजर : आलवंदार की तीन अधूरी इच्छाएँ...जातिहीन समाज,

बेसहारों के लिए भी सुखद जीवन; आज...तिरुनारायणपूर में पूरी हो गई। तिरुवरंगम में ? *(आह भरते हैं।)* दूसरी इच्छा...संकीर्ण वैष्णव धर्म को सीमा पार करके विस्तृत होना होगा। पूरी हो गई। प्यारे पुत्र के राज्य में, मेलकोट्टै प्रसिद्ध होगा। तीसरी इच्छा ब्रह्मसूत्रों का विशिष्टाद्वैत व्याख्यान। मेरा सौभाग्य है कि कूरेचर और आँडाल अम्मा की सहायता से पूरी हुई।

(तब रामानुजर परासर को अपने पास बुलाते हैं। परासर आते हैं।)

रामानुजर : कूरेचर ने हमको एक बहुत बड़ा पुरस्कार दिया है परासर। गर्भ में ही दिव्य युवक वैष्णव धर्म की बहुत बड़ी संपत्ति। हमारा भविष्य, मेरा उत्तराधिकारी।

(परासर को शर्म आती है। रामानुजर की यह घोषणा सब को खुशी से भर देती हैं। मंदिर में घण्टी बजती है। शंख गूँजता है।)

रामानुजर : वैष्णव मरता नहीं, उसके लिए आरंभ कहाँ ? अंत कहाँ ? मेरा विश्वास है कि मेरा जो काम बाकी है उसे परासर समाप्त करेगा। भगवान की कृपा हो तो आँखों को जो भी दिखाई दे, सभी जगह वैकुण्ठ है। भगवान, साध्यता का सबसे ऊँचा लक्ष्य है। उक्त लक्ष्य की ओर यात्रा करते रहेंगे। यात्रा समाप्त नहीं हुई।

'ओम नमो नारायणाय'

('ओम नमो नारायणाय'—उच्चार गूँज उठता है। मंदिर में घण्टी बजती है, शंख गूँजता है...) अँधेरा।

●●●